LA
BIENFAISANCE EN HOLLANDE.

LA BIENFAISANCE EN HOLLANDE

CARACTÈRE — ORGANISATION — INSTITUTIONS

NOTES ET SOUVENIRS

DE

Constantin BIART

PRÉSIDENT DE L'ADMINISTRATION DES HOSPICES CIVILS D'ANVERS
MEMBRE DU SÉNAT DE BELGIQUE

ANVERS

Typographie J.-E. BUSCHMANN, Rempart de la Porte du Rhin

1880

L'Administration des Hospices d'Anvers, après avoir reconnu que les établissements charitables dont elle dispose ne répondaient plus aux exigences de notre époque, a résolu, on le sait, de réorganiser tous les services.

Elle s'est mise courageusement à l'œuvre.

Les travaux en élévation d'un second hôpital, d'un hospice de vieillards et d'un nouvel orphelinat de filles sont en voie d'exécution.

La construction d'un nouvel orphelinat pour garçons est adjugée et les plans du concours pour l'érection d'un asile d'aliénés avec adjonction d'une exploitation agricole viennent de rentrer.

Tout permet donc d'espérer que dans trois ans, quatre au plus, Anvers sera pourvu d'établissements charitables modèles et de nature à satisfaire tous les besoins.

*
* *

Mais tout ne consiste pas à ériger çà et là des hôpitaux, des orphelinats, des refuges ou des asiles pour abriter toutes les misères et toutes les infortunes. Ces dépenses ruineuses sont prodiguées en pure perte si, dans la pratique de la charité et l'octroi du secours, les administrations ne poursuivent pas le double but d'adoucir une infortune individuelle et d'opposer une barrière à la marche envahissante du paupérisme. Car, on veuille ne pas l'oublier, la question du paupérisme se pose, depuis un siècle, chez tous les peuples civilisés, avec une gravité que l'on ne saurait méconnaître et nécessite de la part des autorités publiques une attention et une sollicitude incessantes.

Hautement intéressante pour ceux qui se préoccupent du bonheur, de la prospérité et de l'avenir de leur pays, l'étude des questions sociales et spécialement celle du paupérisme, qui est de nature à compromettre le bien-être général, devient une nécessité impérieuse pour quiconque est chargé, à quelque titre que ce soit, de la gestion du patrimoine des pauvres ou de la distribution de secours aux déshérités de la nature et de la fortune.

Le premier devoir de tout Administrateur, soucieux de remplir consciencieusement le mandat qui lui est confié et de rendre service à la chose publique, est de s'enquérir avec soin des remèdes appliqués ou préconisés pour prévenir, arrêter, combattre le fléau de la misère ou réparer dans la mesure du possible les ravages qu'il a occasionnés.

De quelle importance pareilles investigations ne sont-elles pas pour l'Administration des Hospices civils d'Anvers, étant données les circonstances dans lesquelles celle-ci se trouve actuellement placée !

Le moment me parait donc des plus opportuns et des mieux choisis pour jeter un coup d'œil sur l'organisation de la bienfaisance, chez diverses nations de l'Europe. Comme l'a fait remarquer avec raison M. Jules Simon : « sans avoir la prétention d'innover en matière de bien- » faisance, on peut suivre à la trace ceux qui ont aimé » l'humanité et qui l'ont secourue, profiter à la fois de » leurs erreurs et de leurs exemples et dans cette humble » mesure avec beaucoup de zèle, un peu de bon sens et » de patientes études faire modestement quelque bien. » (1)

(1) J. Simon. Le salaire et le travail des femmes.

C'est d'ailleurs le seul moyen qui permette de compléter le régime charitable d'un pays par l'emprunt utile d'institutions compatibles avec ses mœurs et ses habitudes, ou de perfectionner ce régime par l'application de mesures destinées à combler des lacunes évidentes, à extirper des abus pernicieux.

Ce travail de comparaison a été entrepris plus d'une fois, par des hommes très compétents, en France, en Angleterre et en Allemagne. Tantôt il émanait de l'initiative individuelle, tantôt au contraire le Gouvernement appelait les économistes les plus distingués du pays à examiner sous toutes ses faces la grave question du paupérisme et de l'assistance publique. Les résultats de ces investigations individuelles et collectives sont consignés dans des publications, livres et rapports que l'on consulte toujours avec fruit.

Quelques auteurs et quelques commissions me semblent pourtant avoir fait fausse route en s'efforçant d'établir avec préméditation la supériorité d'un pays sur l'autre, en s'attachant à démontrer que telle nation a mieux compris que toute autre la véritable mission du pouvoir et le caractère de son intervention. Ces publicistes n'ont pas tenu compte d'un élément important, essentiel, dont l'influence détermine la forme de la charité : la divergence des mœurs.

D'autres au contraire ont suivi la marche véritable en se contentant de signaler ce qu'ils ont constaté ailleurs et de relever certains points de rapprochement dans les mœurs qui peuvent conduire à des emprunts utiles et rendre plus efficace l'action de la charité.

Je ne sache pas qu'en Belgique l'organisation de l'assistance et de la bienfaisance publiques dans les Pays-Bas ait fait l'objet d'un travail de ce genre. Il m'a semblé que cette lacune était regrettable et qu'il y avait lieu de la combler.

Je possédais déjà au sujet des institutions charitables de la Hollande des indications assez nombreuses recueillies au cours de mes diverses excursions dans ce pays. Mais avant de coordonner ces annotations volantes, il importait d'en vérifier l'exactitude et de les compléter. Je résolus donc de passer le Moerdyck.

Je priai le Secrétaire-Général de notre Administration, M. Ernest Bouwens, d'être mon compagnon de route et de me prêter son concours afin de mener à bonne fin ce travail de contrôle et cette étude complémentaire.

*
* *

Il n'entre pas dans mes intentions de passer en revue les nombreux établissements de charité que l'on rencontre chez nos frères bataves. Ce travail long et difficile m'entraînerait hors du cadre et du plan que je me suis tracés. Je me contenterai d'indiquer succinctement les mesures adoptées par nos voisins pour combattre les maux et panser les hideuses et repoussantes plaies sociales que le paupérisme porte avec lui en germe, enfante, répand et propage sous mille formes variées. Je tâcherai de ne pas rompre en visière avec la vérité et l'exactitude, ce qui du reste ne me sera pas bien difficile puisque les renseignements dont je fais usage sont puisés à bonne source.

Il y a environ dix ans, se formait à Amsterdam une association philanthropique dont le titre indique suffisamment le but : la *Vereeniging in het belang der weezen verpleging*. Cette société, composée de personnes d'élite, poursuit son œuvre, je ne dirai pas avec intelligence, ce serait faire injure aux hommes remarquables qui font partie de l'association, mais avec un dévouement et une abnégation dont nos voisins hollandais sont seuls capables. Le comité directif [1] de cette société s'est mis gracieusement à notre disposition, nous a ouvert l'accès dans tous les établissements charitables de la ville d'Amsterdam et procuré ainsi le moyen d'étudier *de visu*, dans ses différentes branches et sous ses diverses formes, le fonctionnement de la bienfaisance dans la capitale de la Néerlande. L'accueil que nous ont fait ces philanthropes émérites, l'hospitalité fraternelle que ces amis nous ont ménagée m'ont touché profondément et je suis heureux de trouver l'occasion de leur en exprimer publiquement toute ma gratitude.

(1) MM. Rauwenhoff, J. Coninck Westenberg, Den Tex, Jolles, Gunning et Gildemeester.

I.

Quand on parle de bienfaisance publique, on est généralement d'accord pour reconnaître que les institutions charitables en Hollande, prises dans leur ensemble, sont admirablement organisées et de loin supérieures à celles des autres pays. Cette supériorité est-elle réelle ? Cette réputation n'est-elle pas quelque peu surfaite ? Je ne le rechercherai pas. Au point de vue auquel je me place une pareille discussion est oiseuse, tout au moins sans utilité pratique.

Il suffira de constater que, relativement à l'étendue de son territoire ([1]) et au chiffre de sa population ([2]), aucun pays ne s'impose autant de sacrifices pour améliorer le sort des classes déshéritées et adoucir leurs souffrances que ne le fait ce peuple intelligent et sage.

Je n'entends pas déduire de ce fait qu'il faille aller en Hollande pour s'initier à l'organisation de la bienfaisance et à la pratique de la charité. Il s'exposerait à tomber dans d'étranges erreurs, le législateur qui s'aviserait d'appliquer dans son pays le système hollandais, quelqu'excellent résultat que ce système produise, quelque simple qu'en paraisse la conception, quelque remarquable qu'en soit le fonctionnement.

([1]) 34,375 kilom. carrés.
([2]) 3,579,529 habitants.

Mettons-nous en garde contre des admirations irréfléchies et des enthousiasmes de la première heure. En matière administrative, ces ravissements souvent sont funestes, périlleux toujours. Réservons, je le veux bien, sa part au sentiment ; mais avant toutes choses, écoutons la voix de la raison, méditons les leçons de l'expérience et sachons réprimer les élans inconsidérés de notre cœur.

Avant de préconiser un système, mûrissons notre opinion, et surtout, ne perdons pas de vue les circonstances qui ont motivé et justifient l'adoption de ce système, enquéronsnous des bases sur lesquelles il repose, des nécessités dont il est la consécration. Ce que faisant, nous reconnaîtrons promptement qu'en matière de bienfaisance, la Hollande, moins que tout autre pays, peut servir de type et être prise comme modèle. Elle se trouve dans des conditions tout à fait spéciales qu'on ne rencontre nulle part ailleurs, ni chez les nations protestantes, ni chez les nations catholiques.

La charité batave revêt un caractère que j'appellerai volontiers national. Elle possède toutes les classes de la société, se manifeste en tous lieux, éclate en toutes choses et à tout propos. Dans les bourgades et les communes comme dans les villes, la plupart des monuments sont ou des asiles de vieillards, ou des hospices, ou des hôpitaux, ou des orphelinats. Ce fait dénote de la façon la plus manifeste que le sentiment de la bienfaisance est entré profondément dans les mœurs de la nation.

*
* *

Comment ces mœurs se sont-elles formées ? Comment est-il arrivé que le Hollandais, cet homme actif, laborieux et patient, sobre et économe, simple de manières et de vie, ferme, calme et toujours maître de lui-même, avide de lumières et profondément religieux, passionnément épris de toutes les libertés et patriote par excellence, comment est-il arrivé, dis-je, qu'il ait fait de la charité une de ses vertus préférées et de l'aumône une de ses actions journalières? L'explication de ce fait, étrange à première vue, est facile, pour peu que l'on veuille se souvenir du milieu topographique dans lequel s'est constituée la nation hollandaise.

Ce n'est pas dans des régions fertiles, richement dotées par la nature qu'elle a pris naissance, mais dans un terrain marécageux, périodiquement couvert par les eaux, inhabitable pour ainsi dire, et qu'il a fallu disputer pouce par pouce à l'élément humide.

Menacée sans cesse par les flots de l'Océan qui assaillaient son territoire et le submergeaient fréquemment, et partant toujours tenue en alerte par ce dangereux ennemi qui la harcelait sans relâche, la population primitive de la Néerlande a défié ses assauts et ses colères, et à force de courage, d'énergie, de persévérance, la victoire lui est restée. Elle a dompté les eaux et substitué à ce terrain mouvant, à ces marais, à ces fondrières, ces campagnes fertiles, ces prairies verdoyantes parsemées de canaux, cette contrée charmante enfin que nous connaissons et qui depuis des siècles déjà a eu le privilége d'exciter la convoitise de voisins puissants, envieux et jaloux.

Attaquée chez elle, dans son pays conquis sur l'Océan au prix de tant d'efforts et qu'on prétendait lui ravir par cupidité, la nation hollandaise se leva comme un seul homme. Chaque fois que l'on tenta de mettre la main sur son bien, elle apporta dans la défense de son patrimoine, et avec le même succès, l'indomptable énergie dont elle avait fait preuve lorsqu'elle en était aux prises avec l'Océan. Elle lui appartient donc à un double titre, elle est bien dûment deux fois à elle, cette patrie si chère, sa gloire, son orgueil, pour le salut de laquelle elle sacrifierait sans hésiter sa dernière pièce d'or, verserait la dernière goutte de son sang. ([1])

Cette lutte incessante et collective contre les éléments, cette levée unanime de boucliers lorsque l'indépendance du pays était en péril, engendra entre tous les enfants d'une même patrie des liens étroits, forma entre tous les travailleurs une vaste association en vue des dangers communs à conjurer. Ainsi l'aide mutuelle et l'assistance réciproque naquirent naturellement du grand principe de la solidarité nationale.

L'action du temps et de la civilisation a modifié complètement la nature des rapports et les situations individuelles entre les associés primitifs ; la reconnaissance publique a pris le nom de charité. Mais le souvenir des relations premières n'a jamais cessé de demeurer présent à la mémoire ; il s'est perpétué de génération en génération et les descendants des Néerlandais d'autrefois, en soulageant généreusement les souffrances de leurs frères nécessiteux, ne font que se montrer les observateurs scrupuleux d'un pacte juré entre les défenseurs d'une cause commune. Et cela est si vrai que, dans toutes les circonstances solennelles où l'on célèbre l'honneur et la gloire de la patrie, toujours les orphelins sont conviés à prendre part à ces réjouissances nationales, fréquemment même appelés à y remplir le rôle

([1]) Il me revient en mémoire un mot du prince Alexandre. Le prince assistait à une revue à Berlin à l'époque où circulaient de vagues rumeurs d'annexion. Sollicité de donner son avis au sujet des régiments qui défilaient devant lui, il ne cessait de répondre à son royal interlocuteur, le prince Frédéric-Charles : « trop petits, trop petits ». Intrigué, le prince dit à son hôte : « Trop petits et pourquoi ? » — « Vos hommes ont deux mètres et nos inondations en ont cinq » fut la réponse.

le plus en vue ; jamais les pauvres, les vieillards et les infirmes ne sont oubliés.

∴

En Hollande donc la bienfaisance, tout sentiment religieux et toute humanité philosophique à part, est l'expression d'un sentiment national, la manifestation d'une reconnaissance patriotique, l'accomplissement d'un devoir sacré imposé par les ancêtres. Son organisation se ressent de cet état des choses. Elle traduit en fait et réalise les idées en honneur chez les populations ; bien plus, elle en est le reflet et la consécration.

A raison même de leur originalité ces idées peuvent nous sourire, mais cette organisation conviendra très difficilement à tout peuple qui, différant de mœurs et de manières avec ses frères bataves, ne saurait manquer d'entendre les choses et de comprendre les institutions d'une autre façon.

Dans tous les pays de l'Europe l'assistance publique s'exerce par l'intermédiaire et sous le contrôle direct des autorités constituées. En Hollande au contraire, le pouvoir abandonne cette mission à la charité privée et aux Églises reconnues par l'État ; il n'intervient qu'à défaut de l'une ou des autres.

Ces édifices monumentaux dont je parlais tout à l'heure sur lesquels le regard s'arrête à chaque pas, le gouvernement, en règle générale, ne les a pas érigés, ne les subventionne pas, ne les administre pas. Fondés par des particuliers ou des communions religieuses, dotés par la générosité privée à laquelle sont venus et viennent s'adjoindre des dons annuels et volontaires, ces établissements sont indépendants, en possession de la liberté d'action la plus complète et tiennent à honneur de garder intacts l'autonomie séculaire et les priviléges dont ils jouissent. Ils repoussent toute ingérence, répudient tout contrôle et ne sont pas forcés par la loi de les subir si l'acte de fondation ne les leur impose pas.

En d'autres termes, nous nous trouvons en présence du grand principe de la solidarité chrétienne constamment pratiquée par les Hollandais sur une large échelle, en harmonie complète avec le sentiment profondément religieux dont sont possédées toutes les classes de la société batave.

*
* *

Il ne sera pas hors de propos d'examiner ici en quoi consiste la solidarité chrétienne dont nos voisins du Nord se sont inspirés en organisant leurs nombreux établissements de charité. Cet examen permettra de se rendre un compte plus exact des différents éléments qui contribuent à donner à la charité hollandaise cette physionomie singulière et ce caractère distinctif, si étranges aux yeux des personnes que leurs études ou leurs lectures n'ont pas familiarisées avec l'histoire de la misère chez les peuples du continent.

La misère, les annales de l'humanité en font foi, remonte jusqu'aux âges les plus reculés de la civilisation. Depuis le berceau de l'humanité jusqu'à notre époque contemporaine il a toujours existé des riches et des pauvres, des heureux et des misérables; la mendicité n'a jamais cessé d'être une des plaies, un des fléaux de la société. Dans sa marche à travers les siècles, partout et toujours la misère survit à tous les événements, à toutes les révolutions, à tous les cataclysmes, déjouant, annihilant les efforts tentés, les peines prodiguées en vue de la prévenir, de la diminuer ou de la détruire.

Cette persistance opiniâtre, cette résistance invincible du mal sont des faits qui doivent fixer notre attention.

Si l'on ne saurait extirper le mal, il est possible de le combattre et de le circonscrire. L'examen des mesures prises en Hollande pour remédier aux ravages du paupérisme constitue l'objet de la présente étude.

*
* *

Et tout d'abord qu'était la charité dans l'antiquité avant l'avénement du christianisme ? Qu'est-elle devenue après que la doctrine du Christ, bouleversant toutes les idées reçues et transformant les mœurs, eût renouvelé la face du monde et fondé sur les ruines du paganisme un ordre de choses nouveau ?

La société païenne ne s'est jamais fait une idée exacte de la valeur individuelle et de la dignité morale de l'homme. Composée de maîtres et d'esclaves, de patriciens et de plébéiens, de citoyens et d'affranchis, en d'autres termes, de classes libres et dominatrices et de classes serviles et assujetties, il était impossible qu'elle admît le principe de l'égalité des hommes entre eux de par le fait même et à raison de leur nature. A ses yeux, l'origine et la naissance établissaient entre les membres de la grande famille humaine des démarcations naturelles, une séparation complète et absolue. Cette séparation, les constitutions la proclament et les lois la consacrent ; elle est la base fondamentale de toutes les institutions politiques, de l'édifice social tout entier. Dans un pareil milieu, la charité ne trouve pas place et ne peut en trouver. Consultez les diverses législations des siècles païens, vous n'y trouverez aucune régle, aucune indication même relative à cet objet ; bien plus, les langues n'ont pas de mot pour la définir. L'étude des mœurs dans la société antique ne nous en fait pas découvrir la moindre trace à moins qu'il ne faille considérer comme pratique de la charité, l'hospitalité à la table et au foyer dont les poëtes nous ont légué les éloges les plus pompeux. Mais la véritable bienfaisance, telle que nous nous la comprenons, ne se retrouve nulle part. Dans les temps anciens, le malheur ne crée aucun droit, la richesse n'engendre aucune obligation.

L'aumône est individuelle, se fait d'homme à homme, très généreusement parfois, mais de l'association des efforts pour sécher les larmes, adoucir les souffrances, améliorer le sort de ses semblables, il n'en est pas question et les institutions hospitalières sont complètement inconnues.

L'assistance officielle au contraire est prodiguée à une foule de personnes. Tantôt elle se produit sous forme de salaires comme dans les républiques helléniques, tantôt elle se nomme *annone* et adoucit les horreurs de la famine occasionnée par la disette des grains, tantôt encore elle consiste en distributions de vivres et de sommes d'argent, non pas par humanité, pour subvenir aux besoins et alléger le fardeau des souffrances des classes déshéritées, mais par nécessité politique, en vue de réduire au silence des légions de malheureux que l'excès de leurs maux pousse à la révolte et qui menacent de renverser l'autorité établie. Mais dans tous les cas énumérés, les plus fréquents et les plus saillants, loin de porter le moindre remède aux misères de la société, loin d'opposer une barrière aux envahissements du paupérisme, l'intervention du pouvoir propage le mal, encourage l'oisiveté et creuse l'abîme dans lequel la société antique doit un jour être fatalement précipitée.

Le christianisme qui prêche l'égalité de tous les hommes devant Dieu, du riche et du pauvre, du patricien et du plébéien, du maître et de l'esclave, porte à la civilisation païenne un coup terrible dont elle ne se relève pas. En restituant à l'individu sa valeur et sa dignité, en proclamant son droit à l'existence de par le fait même de sa naissance, en anémathisant les idées d'hostilité innée entre les hommes issus tous d'un père commun et partant tous frères, en proscrivant l'esclavage, il détruit de fond en comble l'économie du système sur lequel repose l'organisation politique et sociale des nations de l'antiquité. C'en est fait de la suprématie des castes et de la souveraineté que la naissance procure. L'inégalité des conditions est enseignée comme une loi providentielle, car

« Dieu lui-même des rangs forma la chaîne immense
Qu'un atôme finit, que l'Éternel commence. » [1]

Le christianisme établit un droit nouveau, inaugure une ère nouvelle, fonde sur les ruines de l'ancien monde un régime politique. moral et social conforme aux principes de la loi naturelle méconnue et oubliée par le paganisme.

La charité fait son entrée dans le monde sous les auspices de la religion chrétienne dont les enseignements élevés, la doctrine de paix et d'amour vont contribuer si puissamment aux progrès de la civilisation.

« Mon royaume n'est pas de ce monde » avait dit le Christ à ses disciples. Cette parole leur représentait la fragilité des biens de cette terre, leur inculquait le mépris des richesses, les engageait à dédaigner la gloire, la puissance et les honneurs. Mais Il avait également ajouté : « aimez-vous et aidez-vous les uns les autres. » En recommandant à l'humanité la pratique de ce précepte sublime qui élève la charité au rang d'une vertu de premier ordre,

[1] DELILLE. *La Pitié*, chant 1.

le Christ laisse entrevoir en même temps la récompense qu'il entend réserver aux fidèles observateurs de cette loi d'amour pour le prochain.

Le christianisme a donc renouvelé la face du monde ; l'inégalité des forces individuelles, l'inégalité des conditions perdure, mais contrairement aux traditions païennes, cette double inégalité crée des droits pour les misérables, des obligations pour les favorisés du sort. « Dieu veut, dit » St-Augustin dans une de ses homélies, que nous por- » tions le fardeau les uns des autres : la misère est celui » du pauvre, la richesse celui du riche. »

Ces droits d'une part, ces obligations de l'autre, sont en relation directe et immédiate. Elles constituent un pacte mutuel, lequel se brise du moment où l'une des parties prétend s'affranchir du devoir que proclame la loi naturelle, philosophique et religieuse.

Sur ces obligations réciproques imposées aux hommes, à savoir : aux pauvres, de respecter la fortune d'autrui, aux riches, de soulager la misère de leurs frères, est basé le principe de la solidarité, une des bases fondamentales de l'Église chrétienne.

« Ce qu'il y a de vraiment divin dans cette manière de » comprendre et de pratiquer l'assistance, dit M. Louis » Reybaud dans son étude sur le paupérisme et les insti- » tutions de charité [1], c'est que l'obligé et celui qui oblige » gardent le même rang et que le secours n'entraîne pas la » dépendance. Les riches se doivent aux pauvres, les valides » aux infirmes, les grands aux petits. Le soulagement de la » misère est l'œuvre de tous, l'attribut de tous ; personne » n'en est chargé par préférence, pas plus l'État qu'un » corps dans l'État. Il se forme entre les membres de la

[1] *Revue des deux Mondes*, 15 Septembre 1857.

» famille terrestre un lien mystique qui les rend soli-
» daires les uns des autres, les unit étroitement et dont le
» dernier chaînon remonte jusqu'au ciel. Et quel souci de
» la dignité de l'homme dans l'exercice de cette charité !
» Les besoins n'ont plus à se produire ; il est ordonné de
» les prévenir.

» La responsabilité se déplace ; s'il y a des souffrances
» cachées il faut les découvrir et ménager cette pudeur
» qui est la dernière noblesse de l'indigence. Pour un
» chrétien, c'est de l'obligation la plus stricte, comme le
» silence dans le bienfait. S'il y a quelque récompense à
» en attendre, ce n'est pas ici-bas ; de pareils comptes se
» règlent ailleurs.

» L'acte perd de son prix au moindre mélange d'am-
» bition ou de vanité. Telle est la charité selon l'Évangile
» et à la définir on comprend quel fut son empire dans
» les consciences. »

*
* *

Pratiquée universellement dans les premiers siècles du christianisme avec zèle, avec passion, par toutes les classes de la Société, encouragée par le clergé et même par les empereurs chrétiens, elle aboutit à des exagérations qui alarmèrent l'autorité religieuse, et celle-ci crut qu'il y allait de son devoir autant que de son intérêt d'intervenir pour régler l'exercice de la charité.

C'était faire d'une pierre deux coups. L'occasion s'offrait au clergé de mettre la main sous prétexte de réglementation sur les biens de ses ouailles et il n'eut garde de la laisser échapper. A dater de cette époque commencent sa grandeur et sa puissance dans le domaine temporel et en même temps sa lutte avec le pouvoir civil. Cette lutte prendra des proportions gigantesques, elle se perpétuera à travers les siècles, elle est de nos jours plus intense que jamais. La charité, vertu divine, fut l'arme dont usa le clergé pour assurer sa domination sur les choses de ce monde, lesquelles pourtant, d'après le précepte même du Christ, échappent à son action.

Les ministres du Seigneur décrétèrent, que pour rendre l'assistance plus efficace, toutes les offrandes, tous les dons, toutes les pieuses libéralités viendraient s'accumuler entre leurs mains ; ils se réservaient d'en déterminer l'emploi à la plus grande gloire de Dieu, de l'Église, des malheureux et..... de la théocratie.

Aux diacres fut confiée la mission de dispenser les aumônes et d'adoucir les misères des nécessiteux de leur paroisse. L'action des diacres et celle des diaconesses, leurs auxiliaires, n'était ni libre, ni entière, mais soumise au contrôle direct, immédiat et souverain de l'évêque.

Cette institution primitive a donné naissance aux diaconies, que l'on voit fonctionner à travers les siècles et que l'on retrouve encore, modifiées il est vrai sous l'action du temps et de la civilisation, dans tous les pays protestants.

Les moyens que les communions religieuses emploient pour s'assurer les ressources nécessaires, ne diffèrent guère de ceux dont s'est servi l'autorité religieuse aux premiers temps du christianisme.

Elles se composent du produit des aumônes (*legaten en giften*), des collectes (*kerk-kollekten*), du revenu des biens de la communion (*huizen en erven*), des contributions volontaires que les adeptes s'imposent sur leur fortune et acquittent au trésorier des pauvres, ou aux personnes déléguées pour veiller à l'allégement des souffrances et au soulagement des misères de leurs coreligionnaires (*jaarlijksche kollekte*).

En Hollande notamment, les choses ne se passent pas autrement aujourd'hui. Les membres des diverses communions religieuses y pratiquent si admirablement la charité chrétienne qu'il est rare de voir, faute de ressources, un consistoire ou une diaconie renvoyer sans secours ou sans consolation ceux qui s'adressent à eux.

Et ainsi l'on peut dire, que dans ce petit pays, la charité privée, doublée de celle des églises, suffit à adoucir, pour la plus large part, les maux que traîne à sa suite le triste et hideux fléau de la misère.

*
* *

Profonde toutefois serait l'erreur dans laquelle on verserait, en se figurant que l'État et la commune se désintéressent complètement du fardeau de l'assistance publique, et se reposent sur la charité privée ou sur les cultes reconnus, du soin de tendre une main secourable à ceux que la douleur accable ou que la faim torture.

L'assistance légale est inscrite dans la constitution. L'article 195 de la loi fondamentale du royaume, revisée en 1848, porte *in terminis :* « L'assistance publique (*arm-*
» *bestuur*) est pour le Gouvernement l'objet d'une solli-
» citude constante. Elle est réglée par la loi. Le Roi fait
» présenter tous les ans aux États-Généraux, un rapport
» détaillé sur les travaux de cette administration. »

En fait, l'action de l'État ou de la commune ne s'exerce pas concurremment avec celle des particuliers et des communautés religieuses. Là où cette dernière suffit, la charité légale s'efface ; là où elle fait défaut, l'assistance officielle intervient et prend les mesures que les circonstances comportent. En règle générale, l'Administration des pauvres se borne à fournir, dans les locaux aménagés à cet effet, le logement et la nourriture, à ceux qui, n'étant pas parvenus à se faire secourir par des sociétés charitables ou à obtenir leur placement dans des institutions particulières, se trouvent hors d'état de subvenir à leur entretien.

Comprise et exercée de cette façon, l'assistance légale prend le caractère d'une mesure de police destinée à prévenir les délits et les crimes, auxquels la détresse ne pousse que trop facilement des malheureux, dénués de tout moyen d'existence.

Le citoyen néerlandais sans ressources peut, de par la loi, en tout état de cause, s'adresser aux autorités constituées. Cet appel est de droit, et toujours accueilli du moment que l'individu justifie des conditions voulues pour l'obtention d'un secours. Aide et assistance lui sont accordées, mais seulement dans les limites du strict nécessaire.

En restreignant son action au cas de nécessité absolue, le législateur néerlandais évite l'écueil où se sont brisés les efforts de la bienfaisance légale dans la plupart des pays.

Octroyée à tort et à travers, sans le moindre discernement, l'aumône, loin d'arrêter le développement des maux qui désolent l'humanité, contribue dans une large mesure à alimenter la misère et à multiplier le nombre des oisifs et des vagabonds.

Le législateur, s'il veut faire œuvre sage ne doit poser que des principes généraux, et abandonner à ceux qu'il charge de l'administration du pécule des pauvres, le soin d'examiner et de décider où l'assistance est désirable, utile, nécessaire, soit pour l'individu, soit pour le bien général de la société.

Dès lors, une réglementation trop minutieuse, des combinaisons savamment conçues et magistralement agencées, ne sont qu'une gêne et qu'un embarras.

Toutefois l'assistance publique ne peut et ne doit jamais prendre pour point de départ que le droit au secours est absolu. Si ce principe prévalait dans un pays, si le pouvoir se trouvait lié par des prétentions de cette nature, l'on y verrait aussitôt surgir, et l'événement l'a prouvé, une industrie nouvelle : la mendicité sous le patronage du gouvernement.

L'État en proclamant le droit au travail et le droit au secours prépare sa déchéance, s'attire sur les bras un fardeau qu'il n'est pas capable de supporter, voue la nation à la décadence et à la ruine.

En effet, dans des conditions pareilles, la pauvreté devient une profession lucrative qu'embrassent les paresseux, les ivrognes, les débauchés, les déclassés et les malfaiteurs de toute espèce. Elle crée des légions de parasites, qui, sûrs d'être secourus par la charité légale, vivent au jour le jour, dans l'oisiveté la plus complète, dans la dégradation la plus abjecte. En face de ces hordes déguenillées qui hurlent, vocifèrent, se complaisent dans leurs haillons et leur misère, que devient l'assistance publique ? Un engin de destruction de l'ordre établi, un dissolvant de la prospérité, du bien-être d'une société. Son caractère est faussé ; sa mission dénaturée ; son but manqué. Elle ne s'explique et ne se justifie que lorsqu'elle vient en aide à l'indigence réelle, à la vieillesse et au malheur.

Il importe de ne pas perdre de vue que la partie active, laborieuse de la population est appelée à nourrir les fainéants et les vagabonds ; l'aumône faite aux uns est prélevée sous forme de taxe de l'État ou d'impôt public, sur le revenu des autres. Les précautions les plus étroites et les plus minutieuses sont donc de rigueur, si l'on tient à éviter que l'aumône ne dégénère en prime à la paresse et aux mauvaises mœurs, et n'allèche, grâce à la facilité avec laquelle on la distribue, une foule de personnes à vivre aux frais du trésor public, ce qui équivaut à se constituer des rentes aux dépens de leurs compatriotes, et partant, au préjudice de la richesse et de la prospérité nationales.

Montesquieu, dans l'*Esprit des lois*, constate : qu'à Rome, « les hôpitaux font que tout le monde est à son » aise, excepté ceux qui travaillent, excepté ceux qui ont » de l'industrie, excepté ceux qui cultivent les arts, » excepté ceux qui ont des terres, excepté ceux qui font » le commerce. » (1)

Veut-on que la bienfaisance produise quelque bien, que l'on veille soigneusement à relever la dignité individuelle de l'assisté, à ne pas porter atteinte au grand principe de l'activité et de la responsabilité personnelles, la loi de l'humanité sur cette terre.

Cette recommandation le père Cats (2) l'avait déjà faite lorsqu'il disait :

« Het is èn stadt èn dorp en alle menschen goet
Dat niemant in het land de luye buycken voet.....
Al wat een christen geeft en magh men niet gebruycken,
Noch tot verkeerde lust noch voor de luye buycken;
Want soo 'er eenigh mensch hier op den luyert speelt,
Soo hout men dat hy 't goet van zynen naasten steelt. » (3)

Pour ne pas avoir compris ces vérités, élémentaires pourtant, les sociétés antiques qui distribuaient les deniers publics en largesses à toutes les classes de la population,

(1) Livre XXIII. Chap. XXIX.

(2) Gedachten op slapeloose nachten.

(3) Dans l'intérêt des villes, des campagnes et d'un chacun, il est bon, que, dans un pays, personne ne nourrisse les fainéants.... Toutes les aumônes que donne un chrétien ne peuvent être employées à satisfaire des goûts mal placés ou à alimenter la paresse. Et dût-il se produire que quelqu'un spéculât sur la charité pour faire le fainéant, qu'on tienne ce personnage, voleur du bien de son prochain.

(le fait s'est produit dans la Péninsule hellémique,) ou admettaient que les trésors de l'État fussent utilisés comme un élément d'influence et de domination sur les masses, (ce dont témoigne chaque page de l'histoire romaine,) se sont condamnées fatalement à la décadence, à l'impuissance, à l'effondrement.

Comment une nation peut-elle subsister avec des populations fainéantes, engourdies ?

Quel patriotisme, quelles vertus espérer d'un peuple tellement dégradé qu'il tire vanité et se fait gloire de sa paresse, de sa torpeur, de son avilissement ?

Que le législateur donc se préoccupe de ne pas rendre la profession avouée de pauvre, ni trop agréable, ni trop commode ; qu'il proscrive soigneusement toute mesure de nature à porter atteinte au sentiment de la responsabilité personnelle ; qu'il s'arme des sévérités de la loi contre ceux qui exploitent la compassion publique en étalant leurs misères au grand jour, sans la moindre honte, parfois avec une impudence hautaine et un cynisme profondément révoltant.

Les misères dignes de sa sollicitude sont celles qui se soustraient à la curiosité publique, se dissimulent, se dérobent, se cachent à tous les yeux ; celles-là, il doit les adoucir.

*
* *

Mais ici commence la difficulté. Comment constater que celui qui s'adresse à l'assistance légale, est sans ressources et incapable de s'en procurer par son travail ? comment parvenir à la découverte des infortunes latentes, les plus dignes parmi toutes, de commisération et de soulagement ? En Belgique, les Bureaux de bienfaisance chargent de ces investigations les comités de charité des sections, mieux connus sous le nom de visiteurs des pauvres, et leur confient l'importante mission de déjouer les supercheries et les fraudes, d'empêcher les surprises et les erreurs.

Les visiteurs se rendent au domicile de l'assisté, s'enquièrent de ses besoins, se renseignent sur sa manière de vivre et sa moralité, en un mot, procèdent à la vérification sérieuse de l'état d'indigence de l'individu ou du ménage qui demande son inscription sur la liste des pauvres et sa participation aux distributions hebdomadaires.

Cet examen permet aux visiteurs de distinguer, en connaissance de cause, l'indigence simulée de la détresse réelle, et cette dernière dûment constatée, de proportionner l'allocation à la profondeur de l'infortune.

Sur les indications des visiteurs des pauvres, les Bureaux de bienfaisance décident de la nature même du secours et ordonnent qu'il consistera en objets, denrées alimentaires, vêtements ou argent. C'est par le canal des visiteurs des pauvres que le secours parvient à l'assisté. La remise s'en fait dans le ménage même ; c'est là une espèce de garantie que le cabaret n'aura pas la plus large part, si non l'intégralité de l'obole de la charité.

En Hollande, des comités spéciaux pour les sociétés de bienfaisance, des diacres délégués par le consistoire général pour les églises (*wijkdiakenen* of *wijkbezoekers*), s'acquittent des devoirs, qui en Belgique incombent aux visiteurs des pauvres. Mais les secours accordés de la sorte, nous le savons, sont volontaires et dispensés en dehors de toute règle légale, de tout contrôle de l'autorité, par les fondations privées et les communions religieuses. Le rôle des pouvoirs commence généralement lorsque celui de la charité particulière est épuisé.

Dès lors, les institutions charitables, telles qu'elles sont organisées, réglementées et fonctionnent en Hollande, ne peuvent servir de modèle dans un pays, où la bienfaisance est organisée par la loi, réglementée par le pouvoir et fonctionne sous le contrôle direct et immédiat de l'autorité.

Lequel de ces systèmes, théoriquement parlant, est le meilleur ? Dans quel sens le problème de l'assistance doit-il être résolu ? La charge d'entretenir les pauvres doit-elle incomber uniquement à l'État ou aux communes ? Doit-elle être laissée aux soins et à la sollicitude de la charité privée ?

L'examen de cette question nous mènerait bien loin, car sur ce point la discussion roule depuis des siècles ; c'est l'éternel débat qui s'agite entre le pouvoir civil et l'Église.

La Hollande pas plus que les autres pays de l'Europe, n'a pu échapper à cet antagonisme qui s'est manifesté dès les premiers temps du christianisme ; mais, chose singulière, l'État, en fait, est resté chez nos voisins l'auxiliaire de l'Église.

Cette situation a engendré des discussions violentes, passionnées, qui ont trouvé de l'écho dans la presse, donné naissance à de nombreuses brochures, fait couler des flots d'encre, sans qu'il se soit produit le moindre changement dans l'état et la nature des rapports. Les partisans de la charité évangélique soutiennent que l'intervention de l'Etat n'est désirable que dans le cas d'absolue nécessité ; que la charité privée doit être la base de l'assistance publique, et indépendante de l'action et du contrôle du Gouvernement.

Toutes les communions religieuses sont d'accord sur ce point, et à diverses reprises déjà, elles en ont donné la preuve. Un jour notamment, il y a de cela à peu près vingt-cinq ans, le cabinet dont M. Thorbecke était le président, frappé du désordre et du défaut d'unité que présentait l'assistance dans les Pays-Bas, voulut introduire, dans le système de la charité hollandaise, certaines réformes utiles, couper court à des abus manifestes, imprimer à l'organisation une unité plus grande et asseoir celle-ci sur des bases plus régulières. Ce but, il croyait ne pouvoir l'atteindre, qu'en conférant à l'État, un droit, non pas d'ingérence directe dans la gestion du pécule de la charité, mais uniquement de surveillance, une espèce de contrôle exercé dans l'intérêt général. Il élabora dans ce sens un projet de loi, mais ne parvint pas à le faire bien venir de l'opinion. Chose remarquable, depuis cette époque, aucun ministère ne s'est plus avisé de saisir les Chambres de modifications à introduire dans cette branche si importante des affaires publiques. Les deux opinions n'en continuent pas moins à discuter le principe, et voici, résumée en quelques mots, l'argumentation qui est l'aliment ordinaire du débat.

L'ingérence des particuliers, et bien plus encore celle des communions religieuses, dans l'exercice de la charité, est mauvaise, dangereuse et anormale, disent les partisans de la bienfaisance légale. Elle est mauvaise, parceque revêtant un caractère quasiment officiel, elle donne fréquemment lieu à l'arbitraire et au bon plaisir. Elle est dangereuse, parcequ'elle sert la propagande religieuse et pourrait conduire ainsi à l'oppression des autres Églises au profit d'une Église plus richement dotée. Elle est anormale, parcequ'elle pose à l'octroi du secours des conditions incompatibles avec le principe de la liberté de conscience, qui constitue le fond des institutions politiques du pays.

Et partant ils estiment, qu'il appartient au pouvoir, avec ou sans le concours des particuliers, de pourvoir à toutes les nécessités.

Les adversaires du monopole ou de la centralisation de la charité entre les mains de l'État, soutiennent avec chaleur que, si l'on veut obtenir l'efficacité de l'aumône, le pauvre doit savoir que celle-ci n'est pas obligée, que l'assistance n'est pas un droit légal.

De cette manière, on écarte de la distribution des secours une foule de fainéants, de vagabonds. Du même coup, on arrête la marche envahissante du paupérisme, puisqu'en déclarant à la classe indigente : qu'elle ne peut compter sur aucun soulagement si le dénuement dont elle se plaint n'est pas le résultat de la malechance ou du malheur, on oblige celle-ci à se créer des ressources au moyen de son activité et à l'aide de son travail.

Cette question n'a pas pour nous, belges, une bien grande importance pratique, puisqu'elle est tranchée par la loi. Celle-ci proscrit solennellement l'existence de la main-morte qualifiée « d'abus d'un autre âge », et n'accepte pas, à quelques exceptions près, formellement spécifiées, la personnification civile pour les institutions charitables privées.

Le grave défaut de notre législation adoptée d'ailleurs par la généralité des pays catholiques, est d'imposer au Gouvernement ou aux communes des dépenses considérables, qui grèvent lourdement leur situation financière.

Pour ma part, je désire voir les Bureaux de bienfaisance étendre le cadre de leur action, et pratiquer le secours à domicile sur une échelle beaucoup plus vaste, d'une manière plus raisonnée.

A quoi servent toutes les taxes hebdomadaires et mensuelles qu'accordent les Bureaux de bienfaisance? Quel bien produisent-elles généralement?

Le résultat est absolument nul. Qu'on supprime les taxes fixes et régulières et qu'on proportionne le secours à la profondeur de la misère qu'il importe d'alléger.

Cette réforme radicale exercera l'influence la plus heureuse sur le chiffre des dépenses inscrit au budget des administrations charitables qui augmente d'année en année. On ne créera plus des rentiers, vivant aux dépens de leurs concitoyens. Le nombre des placements dans des établissements hospitaliers diminuera dans une notable mesure. Cette innovation donnera encore l'immense avantage de pouvoir venir en aide à l'indigent sans l'enlever à sa famille, et soulager ainsi la famille même, sans qu'une autorité étrangère se substitue à cette famille ou la remplace.

Je reconnais volontiers que cette manière de voir n'est pas partagée par tout le monde; que des économistes en renom contestent de la façon la plus absolue l'efficacité des secours portés à domicile, comme remède contre le paupérisme. M. Jules Simon, dans l'ouvrage cité plus haut (¹), assimile ces aumônes aux aumônes distribuées au hasard, et pour justifier cette assimilation, il trace dans ces termes le tableau des abus qu'engendrent ces secours « savants » et périodiquement octroyés :

« Au grand art de donner, « dit-il,» que la charité inspire » à leurs bienfaiteurs, les pauvres opposent un art également consommé de faire naitre la compassion. Les » femmes surtout se façonnent vite à l'hypocrisie. Si par » un sage sentiment de défiance, on leur distribue des » dons en nature, elles connaissent des usuriers voués à » l'honnête commerce de changer les bons de pain et les » vêtements en eau-de-vie.

» Tandis qu'une voisine cache sa misère par fierté, lave » son plancher à demi-pourri, fait reluire sa pauvre

(¹) Le salaire et le travail des femmes.

» armoire presque vide, tourne son rouet ou tire son » aiguille jusqu'à ce que ses yeux pleins de larmes lui » refusent leur service, la femme accoutumée à l'aumône » se pavane dans ses haillons et dans sa malpropreté, » demeure oisive, arrache chaque semaine un nouveau » secours à la pitié de son *visiteur*, et gagne encore plus » à ce triste métier que l'ouvrière courageuse et infatiga- » ble. Ces funestes habitudes se propagent de proche en » proche et finissent par envahir les ménages d'un même » quartier.

» Les maris sachant que l'argent vient d'ailleurs, dé- » pensent davantage au cabaret et laissent leurs enfants à » la charge de la charité. L'industrie elle-même est frap- » pée. Les patrons, quand les bras manquent, ce qui n'est » pas rare, proposent aux ouvriers habiles de prendre un » métier de plus et de gagner par conséquent de meil- » leures journées. Les ouvriers rangés acceptent, d'autres » refusent en donnant pour prétexte que, la crise passée » et l'habitude prise, on leur laissera la nouvelle besogne » en les remettant à l'ancien salaire. La raison n'est que » spécieuse, ils en ont une autre qu'ils cachent, c'est » qu'ils craignent d'être rayés de la liste des secours. Ils » travailleraient donc pour rien en définitive ? Ne vaut-il » pas mieux tendre la main ! Voilà la défaillance morale, » la dégradation morale qu'engendre l'aumône. »

Cette page éloquente ne contient au fond qu'une argumentation spécieuse. L'auteur prend texte de l'abus qu'on fait de l'aumône pour condamner celle-ci dans son principe même. Son raisonnement, si on l'admet, aboutit à cette conséquence singulière, qu'il faut sacrifier impitoyablement toutes les bonnes choses du moment qu'on en a abusé.

Mais le désir que j'exprimais tout à l'heure a précisément pour but de mettre un terme à l'abus, de restituer à l'aumône son véritable caractère, de l'empêcher de constituer un aliment à la paresse, à la débauche, aux convoitises malsaines, de faire en sorte qu'elle devienne un moyen de moralisation et reconstitue le sentiment de la famille, si fréquemment méconnu à notre époque. L'abus est toujours possible ; veillons à ce qu'il ne se produise pas, ou du moins, que rarement.

*
* *

Je me suis étendu longuement, trop longuement peut-être, sur ces considérations générales, mais il m'a paru nécessaire d'entrer dans quelques développements, pour qu'on puisse se faire une idée plus juste et plus complète de la nature du régime administratif, souvent très complexe, adopté par nos frères Néerlandais pour leurs établissements charitables.

II

Il en est de la misère comme des épidémies qui affligent l'humanité. Chaque peuple prend les précautions les plus minutieuses pour empêcher l'affection de se déclarer, multiplie les ordonnances et les prescriptions sanitaires, en un mot, s'évertue par tous les moyens possibles d'obvier au mal, tout au moins, de le circonscrire et de parer à sa propagation.

La sagesse humaine est-elle impuissante à conjurer le fléau, la maladie envahit-elle une contrée, y visite-t-elle une foule de personnes et y fait-elle des victimes, la société ne se croise pas les bras, n'assiste pas impassible au spectacle des tortures et des douleurs qui se déroule sous ses yeux, mais elle entoure les malheureux, aux prises avec cet ennemi redoutable, des égards, des soins que réclame et commande leur pénible et affreuse position.

Le paupérisme est le plus terrible des fléaux qui désolent l'humanité, car il ne se montre pas seulement à des époques périodiques, il sévit sans solution de continuité, il existe à l'état d'endémie chez tous les peuples civilisés.

Rien de plus naturel donc que, dans tous les pays, en Hollande comme partout ailleurs, les efforts dirigés contre cette calamité permanente tendent, soit à tarir la source même d'où elle découle, soit à consoler, adoucir et guérir les infortunes que la détresse engendre.

Parmi les institutions charitables préventives se rangent d'abord, celles qui ont pour but d'instruire les classes nécessiteuses, ou de leur fournir de l'ouvrage ; viennent ensuite celles qui s'attaquent à la mendicité, en éclairant le travailleur, en développant sa volonté, en aiguillonnant son activité, en lui faisant voir ce qu'exige et ce que peut faire de lui le sentiment bien compris du devoir, inné chez tous les membres de la grande famille humaine.

Restent enfin les institutions qui, par l'affermissement des liens de la famille, les joies du foyer et la consolation du bonheur domestique, poursuivent la moralisation de l'ouvrier et des ménages que hante la misère, la paresse et la débauche.

Les institutions charitables établies en vue de soulager les souffrances physiques et les tortures morales de l'humanité sont de nature variée comme les misères qui en ont nécessité l'érection. Elles comprennent notamment les crêches et les écoles gardiennes, les dépôts, les refuges et les asiles, les orphelinats, les hospices et les hôpitaux.

*
* *

Ce sont seulement les institutions curatives de la Hollande que je me propose de passer en revue. Sans doute, il serait intéressant d'étudier dans leur ensemble toutes les branches de la charité batave, mais la nature de ce travail ne le comporte pas, puisqu'il est spécialement consacré à l'examen du système hospitalier si largement développé chez nos voisins du Nord.

Toutefois, je ne résiste pas à la tentation d'ouvrir une parenthèse et de toucher un mot d'une vaste association charitable, d'une institution unique en son genre, que tous les autres pays doivent envier à la Hollande.

*
* *

Fondée, soutenue, dirigée par des particuliers, gérée en dehors de l'action et du contrôle de l'État, la société « *tot Nut van 't algemeen* » a rendu à nos frères de la Néerlande des services inappréciables; elle a plus fait pour le bonheur et le bien être des classes pauvres, partant pour l'extirpation du paupérisme, que toutes les autres institutions charitables dont leur pays se trouve si abondamment doté.

Établie à Amsterdam, vers la fin du siècle dernier, par les soins d'un prédicateur protestant Jean Nieuwenhuyzen, avec le concours effectif et pécuniaire de quelques uns de ses amis, cette société prit un développement prodigieux, et tellement rapide, qu'au bout de quelques années elle avait des ramifications dans les Pays-Bas tout entiers. Aujourd'hui pas une ville, pas une bourgade, qui ne s'enorgueillisse de former une des nombreuses sections de la puissante société dont le siège est fixé à Amsterdam.

Toutes ces sections jouissent d'une indépendance pour ainsi dire complète. Elles s'administrent comme elles l'entendent, elles agissent comme bon leur semble. La liberté d'action la plus entière qui leur est laissée comporte pourtant une restriction. Les départements ne peuvent travailler contrairement aux statuts de la société et doivent se conformer aux instructions qu'ils reçoivent du comité central d'Amsterdam. C'est de là que viennent à ces vaillants champions de la cause de la lumière et de la vérité, le mot d'ordre, l'impulsion et la mesure. La direction centrale de la société imprime au mouvement intellectuel de la Hollande cette unité d'action bien faite pour exciter l'admiration de tous ceux qui s'intéressent aux progrés de la civilisation par le développement de toutes les facultés humaines.

Le but de la société « *tot Nut van 't algemeen* » est

d'organiser une croisade formidable contre l'ignorance et contre le paupérisme.

Les armes avec lesquelles elle combat ces deux plaies sociales, qui, la plupart du temps sinon toujours, procèdent l'une de l'autre, sont : la diffusion des lumières par tous les moyens possibles, l'accroissement du bien-être des classes déshéritées et des classes ouvrières par les bienfaits de l'instruction et de l'éducation.

Grande, belle, noble et généreuse entreprise que poursuit, depuis bientôt un siècle, la société « *tot Nut van 't algemeen* » avec un succès constant, d'autant plus remarquable, qu'elle lutte avec ses seules forces, ses seules ressources, en dehors de toute attache officielle, sans la moindre préoccupation religieuse, puisque toutes les Églises, toutes les sectes dissidentes font trêve à leurs interminables disputes et entrent en lice sous sa bannière, pour livrer un commun assaut au paupérisme, à l'ignorance et à l'immoralité.

La société a le droit d'être fière des progrès qu'elle a réalisés, des palmes qu'elle a cueillies, des conquêtes qu'elle a faites dans l'intérêt des masses souffreteuses et des intelligences déshéritées.

Au commencement du siècle, elle appelait l'attention du Gouvernement sur l'instruction publique ; elle adjurait le pouvoir de songer à l'éducation du peuple ; elle se remuait, s'agitait, prêchait d'exemple, et quelque temps après, la loi décrétant l'établissement d'écoles primaires dans le royaume des Pays-Bas et organisant l'enseignement public par les soins et aux frais de l'État, était votée.

Les classes ouvrières ont été l'objet de ses préoccupations et de sa sollicitude constantes. Ces écoles d'apprentissage, ces écoles industrielles, ces écoles de dessin, ces écoles de chant, que l'on rencontre partout, fondées, subsidiées, entretenues par ses soins ou sous son patronage, sont là qui en fournissent d'irrécusables et éclatants témoignages.

Ce n'est pas seulement des besoins présents de l'ouvrier que s'est inquiétée la société, elle n'a pas perdu de vue l'avenir ; elle a songé aux heures de la défaillance, aux jours de la maladie, au temps de la décrépitude ; elle a poussé à la création, encouragé l'établissement des caisses d'épargne, des sociétés de secours mutuels; fréquemment, sinon toujours, elle en a fait les premiers fonds.

Le travail fatigue, l'esprit a besoin de se détendre, le corps de se reposer; la société « *tot Nut van 't algemeen* » ne l'a pas oublié. Mais aux délassements malsains et pernicieux du cabaret, elle a taché de substituer des amusements moins coûteux d'un côté, plus profitables de l'autre. Elle s'ingénie à instruire l'ouvrier, à le perfectionner dans son art, tout en le récréant, et dans ce but, elle organise des conférences, publie des manuels, des opuscules, des livres à la portée de l'intelligence du peuple, forme des bibliothèques à l'usage de celui-ci, le convie à des concerts dont le programme est arrangé de telle façon, qu'à côté d'une soirée agréablement passée avec sa femme et ses enfants, l'artisan y trouve encore des leçons et des préceptes dont il peut faire profit.

Enfin, fidèle à sa devise de travailler à l'accroissement du bien-être par l'instruction et la moralisation des masses, la société a pris à cœur d'encourager l'effort dans la voie du travail et dans le chemin de la vertu, en instituant des récompenses qu'elle décerne publiquement et avec une certaine solemnité à ceux qui se sont honorés par des actes de courage, de probité, de civisme, qui se sont distingués par leur aptitude, les produits de leur profession ou l'accomplissement exemplaire de tous leurs devoirs.

« Qu'est-ce qu'un chef de famille ? » se demande M. Jules Simon, dans l'ouvrage que j'ai déjà eu l'occasion de citer (¹). Et il répond :

« C'est d'abord le protecteur et le pourvoyeur de la » maison ; c'est aussi au milieu des siens, la raison vivante. » Il faut que tout le monde se sache abrité contre toute » attaque et contre le besoin par son dévouement et sa » force ; il faut en outre que tout le monde se sente éclairé » et dirigé par lui. Il fait acte de père quand il apporte » le samedi l'argent gagné par son travail, et qui pendant » huit jours va donner le pain et le vêtement à la famille. » Mais il n'est pas chargé seulement du corps de ses » enfants, il est responsable de leur âme. Jusqu'au moment » où leur raison sera mûrie, c'est à lui et à lui seul de » décider et de penser pour eux. Si son esprit n'est pas » formé, s'il ne se rend point compte de ses actes, s'il est » condamné par son ignorance à une minorité et à une » enfance perpétuelles, comment remplira-t-il son devoir ? » Comment pourra-t-il inspirer autour de lui la confiance » et le respect ? »

C'est à former des chefs de famille, « capables de remplir leur devoir », à même « de se rendre compte de leurs actes », dignes « d'inspirer autour d'eux la confiance et le respect », que travaille avec une ardeur qui ne s'est jamais ralentie la société charitable, philanthropique, « *tot Nut van 't algemeen.* »

Certes, des sociétés qui poursuivent ce même but se rencontrent encore ailleurs ; on les trouve en France et en Belgique ; mais on voit en même temps la tendance

(¹) Le travail et le salaire des femmes.

centralisatrice des autorités s'y produire, et la main du Gouvernement s'imposer à ces sociétés, sous une forme autoritaire ou sous prétexte d'un contrôle à exercer. Je ne dis pas que ces institutions ne produisent aucun bien ; au contraire je pense que le résultat obtenu est considérable et que c'est le véritable, le seul moyen de combattre le paupérisme avec quelque chance de succès. Mais ces sociétés n'en sont encore qu'à leurs débuts pour ainsi dire, tandis que dans cette voie de la charité préventive, la Hollande a devancé tous les autres pays. Les progrès qu'elle a accomplis sont immenses.

Les Hollandais n'ont plus à se demander « qu'est-ce qu'un chef de famille? » Ils ne le savent que trop bien : leurs efforts tendent, depuis un siècle, à en multiplier le nombre.

La seule chose qu'il importe de mettre en relief, c'est que le bien engendré par la charité préventive néerlandaise procède de l'initiative éclairée, de l'énergie persistante du peuple, de la bourgeoisie et des particuliers, sans le concours effectif de l'État et des autorités constituées.

***

Quelle que soit l'efficacité des institutions charitables préventives de la misère, lorsqu'il s'agit de combattre les envahissements du paupérisme et l'immensité des services rendus par elles à l'humanité, elles ne sont pourtant d'aucun secours en présence d'une infortune que la charité préventive n'a pas réussi à conjurer, n'importe pour quelle raison. Si elle n'avait pas à sa disposition la charité curative, si elle ne trouvait pas dans l'assistance publique le moyen de porter remède à des infortunes accomplies et de tempérer dans une certaine mesure les misères réelles avec lesquelles on doit compter sans cesse, la société se verrait fréquemment exposée à de bien cruels embarras et obligée de détourner honteusement la tête à l'appel des misérables, victimes ou de leurs propres vices, ou d'une inexorable destinée.

Que de fois en effet, malgré ses efforts et ses peines, le travailleur honnête et laborieux ne voit-il pas la mauvaise fortune trahir son courage et sa volonté ! La misère envahit son modeste logis, la ruine frappe à sa porte, et le fantôme, le hideux fantôme de la faim se dessine vaguement dans le lointain.

Il a beau vendre son mobilier pièce par pièce, accumuler toutes les privations pour satisfaire ses créanciers fatigués d'une trop longue attente, se défaire de sa dernière couverture pour acquitter le terme échu du loyer ou pour se procurer du pain, de jour en jour le gouffre s'entr'ouvre plus affreusement devant lui; le moment terrible approche où il n'aura plus qu'à briser son outil et à tendre la main avec sa femme et ses enfants, si personne ne vient à son aide, si une intervention bienfaisante ne l'arrache pas à sa situation désespérée.

Tendre la main après une vie entière honorablement consacrée au travail, quelle honte imméritée ! Solliciter son inscription sur le registre des pauvres, c'est abdiquer ses droits d'homme libre ! Vivre de la compassion publique, c'est embrasser le servage, c'est endosser la livrée de la misère officielle ! !...

Calmez vos angoisses, ouvrier honnête ; bannissez de votre cœur le désespoir, travailleur malheureux : la charité batave veille sur vous.

Votre détresse n'est-elle que momentanée, votre dénuement n'est-il le résultat que d'un accident, de la maladie, de la morte saison, de la stagnation des affaires, la charité est là;

elle sera votre providence, votre consolatrice. Elle vous épargnera les humiliations de l'aumône, et elle vous sauvera par votre propre courage et vos propres efforts, pour peu que vous le vouliez. Au lieu de glisser dans votre main l'obole du pauvre qui vous ferait monter le rouge au visage et vous couvrirait de confusion, elle y placera un outil.

La charité, toujours ingénieuse lorsqu'il s'agit du soulagement de l'infortune, a imaginé des exploitations de tout genre et de toute nature qui lui permettent d'utiliser tous les bras, de donner de l'ouvrage à ceux qui en manquent et en réclament.

L'institution parfois est une simple industrie privée, parfois aussi elle revêt un caractère d'utilité publique, elle sert la richesse et la prospérité nationales. La charité faisant du travail du pauvre un des. éléments du bien-être général, en creusant des canaux, en abaissant des dunes, en approfondissant les ports et le lit des rivières, en amendant un sol ingrat, en défrichant des landes stériles, et tout cela, pour procurer du pain à l'ouvrier et ménager la dignité du travailleur, quelle noble application du grand principe de la solidarité chrétienne!!

*
* *

Mais il est des infortunés à qui le courage de se relever fait défaut, à qui les forces manquent, ou dont la misère est tellement profonde qu'un modique salaire devient insuffisant pour les sauver de la ruine, eux et leur famille. A ceux là aussi, la charité dit de ne pas désespérer et offre d'autres ressources.

Elle leur ouvre les portes de la maison de travail, de l'*Armenhuis*, où ceux qui se présentent trouvent un foyer temporaire, la nourriture et du travail pour toute leur famille.

L'Armenhuis d'Amsterdam, le seul des établissements de ce genre que j'ai visité, (tous d'ailleurs se ressemblent), est un bâtiment spacieux, de construction lourde et massive, sans grand caractère architectural, comme le sont la plupart de ces asiles de la misère.

Ce refuge contenait le 31 décembre 1878, 286 personnes, à savoir : 145 hommes, 138 femmes et 3 enfants au-dessous de l'âge de 10 ans. La moyenne de la population flottante, qui s'élevait à 335 en 1874, est descendue à 286 en 1878, et singulière coïncidence, ce chiffre correspond exactement au chiffre effectif des pensionnaires lors de la clôture de l'exercice 1878. Parmi ces 286 personnes, 61 travaillaient pour l'établissement, 64 s'occupaient de soins ménagers, 19 étaient incapables de rien faire et 40 se trouvaient à l'infirmerie.

L'idée de fournir aux personnes sans abri et sans ressources, un logement momentané et l'occasion de se créer un petit pécule pour l'époque où elles voudront rentrer dans la vie commune de la société, est assurément très louable. Elle n'est pas propre à la Hollande seule.

La plupart de nos concitoyens se le rappellent sans doute, un pareil établissement a existé à Anvers, rue des Aveugles. Mais les résultats ne répondant pas aux sacrifices que le Bureau de bienfaisance s'imposait, les ateliers de charité furent supprimés, il y a de cela environ vingt ans.

En parcourant les locaux de l'Armenhuis d'Amsterdam, l'on constate immédiatement que l'ordre, la discipline et la propreté règnent dans l'établissement. L'examen du compte-rendu des opérations du comité permet d'affirmer que, depuis dix ans, sous la direction intelligente, énergique de Madame C. Bear, préposée à la conduite de cette maison de charité, des progrès remarquables ont été accomplis, à la suite de réformes radicales introduites dans la marche et la tenue de l'établissement, en un mot, que ce dernier a rendu et rend tous les services que l'on peut retirer d'une institution de cette nature.

L'Armenhuis d'Amsterdam, offre une grande analogie avec les *Workhouses* de l'Angleterro.

Ici comme là bas, ces asiles s'ouvrent pour ceux qui, dénués de tout, ne peuvent se procurer des ressources à l'aide de leur travail, et assurent aux hôtes de ces établissements un bien-être relatif dont le plus grand nombre d'entre eux n'avaient jamais joui avant d'y entrer.

Le régime est pourtant moins dispendieux et moins confortable que celui des maisons de répression. En Angleterre, l'entretien de chaque pensionnaire des *Workhouses* coûte à l'Administration des pauvres environ 85 centimes par jour ; à Amsterdam, le rapport publié par la commission accuse une dépense générale, par tête et par jour, pour l'année 1878, de 44 622/1000 cents, tandis qu'en 1875, elle ne s'élevait qu'à 37 4/5 cents. J'ai recherché le prix de revient de l'entretien des individus placés dans les dépôts en France, je ne suis pas parvenu à me renseigner exactement à cet égard.

Les dépôts en France et en Belgique, bien qu'institués dans le même but, ne présentent aucune analogie avec l'organisation du *Workhouse* anglais et de l'*Armenhuis* hollandais. En France et en Belgique, ces refuges servent spécialement à prévenir le vagabondage et la mendicité, et le délit commis, à en assurer la répression. En Hollande et en Angleterre, les vagabonds et les mendiants ne sont pas les seuls habitants de ces tristes demeures. Il est même regrettable que l'autorité les y conduise, car leur présence dénature ainsi le but et le caractère essentiellement charitables de l'institution, en confondant la pauvreté avec la mendicité, le malheur avec le vice. Cet inconvénient est plus sensible encore en Hollande, où tous les pensionnaires se trouvent mêlés dans une vie et des occupations communes, qu'en Angleterre, où les habitants du Workhouse sont rangés par catégories.

L'Armenhuis tient le milieu entre l'assistance à domicile et les colonies de bienfaisance. Ce qui plaide en faveur de ce mode de secours, c'est qu'il n'arrache pas l'indigent du milieu dans lequel il a passé la plus grande partie de son existence et qu'il ne jette pas celui-ci, seul, sans famille, sans relations d'amitié ou d'affaires, dans une région étrangère où il sera condamné à vivre désormais jusqu'à ce que la mort le délivre du fardeau de sa misère et de ses douleurs.

Le pauvre n'entre pas seul dans l'Armenhuis ; il ne doit pas abandonner sa femme et ses enfants, il peut les garder avec lui et vivre avec eux côte à côte. La vue de ces êtres qui lui sont chers stimule son courage ; il arrive fréquemment qu'il sorte de là, plus ou moins refait, et qu'il reprenne avec succès ses occupations d'autrefois.

A cette perspective, consolante pour ceux qui poursuivent le noble but d'adoucir la position des classes nécessiteuses, vient se mêler pourtant une préoccupation des plus graves. Elle a trait aux enfants qu'on introduit dans ce refuge, qu'on oblige à vivre à côté de fainéants, de débauchés, de vagabonds, de mendiants de profession, et auxquels on inocule ainsi, dans cette atmosphère moralement viciée, les tristes germes d'une dépravation précoce. Pour remédier à cette situation funeste et éviter le contact malsain qu'engendre la promiscuité des sexes et des âges, l'assistance publique a, dans le courant de l'année 1877, provoqué une mesure réglementaire, aux termes de laquelle les enfants dont les père et mère sont entretenus dans la Maison des pauvres, peuvent, tant que leurs parents y résident, être acceptés par l'assistance publique et placés par les soins de cette dernière.

Le croirait-on, cette mesure si sage souleva des protestations énergiques de la part des parents. Loin de saisir avec empressement l'occasion de se débarrasser de la charge de leurs enfants et de consentir à une séparation même momentanée, ils soulevèrent toute espèce d'objections, inventèrent tous les prétextes imaginables pour les conserver auprès d'eux. Aucuns même, plutôt que de souscrire à cette condition, préférèrent quitter le refuge et tenter de nouveau de gagner leur vie à l'extérieur.

L'assistance publique les encouragea dans cette détermination et leur octroya généreusement des subsides extraordinaires pour leur permettre de mener à bien leur louable tentative.

*
* *

La conséquence ou l'enseignement qui se dégage de ce fait, c'est que rien au monde ne saurait suppléer à ce grand extincteur du paupérisme : à la famille.

Que ceux qui s'occupent de l'amélioration du sort des classes nécessiteuses s'en souviennent, et n'hésitent pas à se jeter dans une voie où l'ouvrier ne demande pas mieux que de voir entrer la bienfaisance et l'assistance publiques. Qu'on ne l'oublie pas : toutes les prédications, tous les enseignements seront pâles, incolores, stériles, tous les soulagements apportés ne diminueront pas le paupérisme, à moins qu'on n'ait recours à la seule panacée infaillible : la puissance de la famille.

« Quand par une mâle discipline », a dit, encore M. Jules » Simon, « on aura donné aux ouvriers le sentiment de » leur responsabilité, quand on les aura dégoûtés des joies » serviles du cabaret et ramenés à la source pure et inta-

» rissable des nobles sentiments et des fortes résolutions, » ils trouveront dans les enseignements du foyer, cette » religion du devoir que nous n'avons, hélas ! ni le droit, » ni la force de leur annoncer.

» Oui, la croyance est aussi nécessaire à l'âme de » l'homme que le pain à son corps ; c'est seulement quand » l'homme a le sentiment du devoir qu'il est maître de sa » destinée ; c'est par le devoir qu'il grandit, c'est par le » devoir qu'il est consolé.

» En présence des affreux malheurs où languit une » portion considérable de l'humanité, quand tous les efforts » de la loi et de la science sont impuissants, le devoir est » un remède égal à la profondeur du mal. Cependant si » nous voulons que le sentiment du devoir pénètre dans » nos os et se lie en nous aux sources mêmes de la vie, » ne comptons pour cette grande cure que sur la famille. » Ce n'est pas trop de cette force, qui est la plus grande » des forces humaines, pour obtenir un tel résultat. »

*
* *

Mais quoiqu'on fasse, il est des moments où la famille fait défaut, où la mort fauche impitoyablement le père, la mère, le mari, la femme, les enfants, où l'homme reste seul au monde, sans relations, sans amis, accablé d'infirmités de toute nature, où il est nécessaire que la charité supplée à la famille absente et se substitue aux affections perdues sans retour. Que de bien ne lui reste-t-il pas à faire, que de plaies à soigner, depuis celles du nouveau-né qui vagit dans ses langes jusqu'à celles du vieillard décrépit qui a déjà le pied dans la tombe. C'est là son rôle ; c'est là son champ d'action, et qu'il est vaste !

Partout elle a fait des prodiges, partout elle a fait

surgir de terre des asiles et des hôpitaux ; chaque besoin qui se produisait a provoqué une institution charitable. En Hollande surtout, la bienfaisance a été ingénieuse et intelligente. L'étude de l'organisation des établissements de ce pays en fournira la preuve manifeste.

Le système est complet ; rien n'y manque, point ou peu de lacunes.

III.

Quel est l'œil qui ne s'attendrisse, le cœur qui ne se sente ému de compassion à la vue d'un enfant déguenillé, levant sa petite main amaigrie par la souffrance ou les privations et d'une voix chevrotante demandant la charité ?

Nous avons beau nous armer contre la pitié, en nous disant à nous-mêmes que cet enfant affecte la pauvreté et simule la misère, qu'il est l'instrument inconscient d'une exploitation honteuse à laquelle ses parents se livrent, nos raisonnements résistent rarement à notre commisération ; un regard jeté sur le petit mendiant a bien vite raison de nos scrupules. Bien ou mal placée, nous faisons l'aumône, ne fût-ce que pour empêcher notre intéressant solliciteur d'être battu le soir à sa rentrée au logis.

Connaissez-vous une plus triste destinée que celle de ces petits malheureux qui vaguent à travers les rues des grandes villes, ou stationnent aux abords de tous les centres de réunion ?

S'il existe parmi eux des vagabonds par instinct et des vauriens précoces, le plus grand nombre commande la pitié. Ils mendient aujourd'hui par ordre de leurs parents dont la misère est factice ou réelle, et demain peut-être, le manque de cœur, la paresse, la débauche, la dépravation de ces mêmes parents les abandonnera à la compassion publique, dans le dénuement le plus absolu, sans oreiller pour reposer leur tête, sans feu pour réchauffer leurs membres grelotants de fièvre ou engourdis par le froid, sans un croûton de pain pour apaiser la faim qui les dévore.

A côté de ces innocentes victimes, condamnées à porter la livrée de la misère dès les premiers pas dans la vie et à expier amèrement les fautes, l'imprévoyance, l'incurie, la dégradation, l'abjection morale de leurs parents, nous en rencontrons d'autres dont l'infortune, sans être plus digne de notre compassion, est plus navrante encore, parce qu'elle procède de la seule fatalité d'une destinée cruelle, qui, séparant prématurément le père de ses fils, la mère de ses filles, a jeté ces orphelins, sevrés des soins et des caresses des auteurs de leurs jours, dans le tourbillon du monde et le gouffre de la société.

Sans parents, sans famille, sans amis, que vont devenir ces pauvres délaissés aux prises avec les nécessités de l'existence ! Quel avenir sera le leur sur cette terre, transformée pour eux en une véritable vallée de larmes et de misères, où personne ne s'inquiètera plus de leur sort, ne les entourera plus des soins indispensables, ne pourvoira plus à leurs premiers besoins ! Que vont-ils devenir ? Ils ne se le demandent même pas ; ils n'ont pas conscience de la perte irréparable qu'ils viennent de faire et bien moins encore des conséquences fatales de leur isolement dans la vie.

Si le rôle de la charité consiste à soulager l'infortune réelle et à tempérer les arrêts rigoureux de l'inexorable destinée, jamais elle ne saurait en trouver un plus noble et plus touchant emploi, qu'en prodiguant ses soins à ces pauvres enfants que le Christ appelait à lui avec tant de tendresse et qui, privés de l'affection et de l'assistance paternelles, voient leur existence à la merci de la compassion de leurs semblables, de leurs concitoyens.

La charité veille sur eux ; elle ne les abandonnera pas.

Oh ! voilà surtout ceux qu'elle aime !
Faibles fronts dans l'ombre engloutis !
Parés d'un triple diadème :
Innocents, pauvres et petits ! (¹)

Cette certitude consolante a, sans nul doute, adouci chez leurs parents mourants, les terribles souffrances d'une séparation éternelle.

Qui de nous, après avoir connu les joies et les bénédictions du foyer paternel, après avoir vu surtout folâtrer à ses côtés des êtres chéris prodigues envers lui de doux noms et de caressantes tendresses, ne sent pas la profondeur de la perte qu'ont éprouvée ces enfants, ne comprend pas l'horreur de leur position, ne compatit pas à leur malheur ? Le sentiment de la famille, l'idée et la pratique du bien, l'amour pour le prochain, toutes les bases en un mot de la charité légale, religieuse ou privée sont réunies ici pour aiguillonner notre zèle et nous commander de ne pas refuser à ceux dont ni père ni mère ne guideront plus les premiers pas dans la vie, l'assistance et la protection désirées, indispensables, nécessaires.

En prenant ces enfants sous notre égide, nous ne céderons pas uniquement à un élan de compassion, mais au sentiment du devoir, inscrit au fond de notre cœur, qui nous fait une loi de soulager la misère des orphelins, comme l'a dit Vondel, le prince des poètes de la Néerlande :

Den suyvre Godsdienst is den weesen
In hun ellende bij te staen (²).

(¹) Victor Hugo. Les voix intérieures.
(²) Prière pour l'orphelinat wallon d'Amsterdam. Œuvres compl., édit. Van Lennep, III, p. 194.

Ce devoir naturel n'est pas seulement obligatoire pour chaque homme individuellement, mais il s'impose comme devoir social, prend, pour les gouvernements, le caractère d'une nécessité de premier ordre.

La nation et le pouvoir sont hautement intéressés à ne pas marchander leur concours efficace, leur intervention pécuniaire, leur autorité morale, à l'éducation et à l'instruction des orphelins et des enfants abandonnés.

Tous les peuples civilisés, quelque distinctes que soient leurs origines, leurs races, leurs institutions, leurs mœurs, leur religion, ont pris les mesures les plus louables pour assurer l'existence de ces victimes innocentes des fautes ou du décès prématuré de leurs parents, pourvoir à leurs besoins, leur apprendre un métier. Partout l'on s'est efforcé de mettre ces enfants en état de se créer des ressources par leur travail, et de leur permettre ainsi de fonder un jour une famille, de devenir en tout cas des hommes utiles à leur pays et à la société.

*
* *

La Hollande ne pouvait manquer de se distinguer dans cette branche de la bienfaisance.

Après avoir établi des orphelinats dont l'organisation bien entendue excita l'envie de l'Europe pendant de longues années, nos voisins n'ont jamais cessé d'y apporter les améliorations et les perfectionnements indiqués par l'expérience, bien plus, de marcher avec le progrès et d'expérimenter tous les systèmes préconisés, pour imprimer à l'éducation des orphelins une direction meilleure et faire produire à la bienfaisance légale, religieuse ou privée, les résultats les plus consolants et les plus profitables.

Lors du dernier recensement décennal à la date du

1r Décembre 1869, la Hollande possédait 256 asiles où séjournaient des orphelins et des enfants abandonnés. Parmi ces 256 établissements (1) nous en relevons 146 exclusivement réservés à l'éducation des enfants orphelins de père et de mère ou de l'un d'eux seulement, établissements plus spécialement désignés sous le nom d'orphelinats. De ces 146 orphelinats, onze étaient pour garçons, neuf pour filles ; les cent vingt-six autres abritaient des enfants des deux sexes.

Les cent-dix établissements restants n'avaient pas pour affectation unique le service hospitalier de l'enfance, mais desservaient encore d'autres institutions charitables.

Ces 256 établissements réunis, entretenaient 9330 orphelins ou enfants abandonnés, à savoir : 4701 garçons et 4629 filles. (2)

En faisant le relevé de ces institutions par commune, on s'aperçoit qu'elles sont reparties entre 145 communes

(1) Il m'est impossible de préciser le nombre exact des orphelinats en Belgique. Les statistiques officielles sont incomplètes. Pour l'établir, je n'ai qu'à citer le rapport sur la situation de la province d'Anvers et celui sur la situation de la ville d'Anvers. Ni dans l'un ni dans l'autre de ces documents officiels, il n'est fait mention de la fondation Teerninck. Force m'est donc de me contenter d'un chiffre approximatif. Je crois rester en-dessous de la vérité en évaluant à 100 environ, le nombre des établissements qui pourvoient à l'entretien d'orphelins, et à 50, le nombre des orphelinats proprement dits.

(2) **Division des établissements d'après le nombre des orphelins.**

Nombre d'élèves.	1 à 25,	25 à 50,	50 à 75,	75 à 100,	100 à 200,	200 à 300,	300 à 400,	500 à 600 et plus
Nombre.	125	55	22	8	11	5	1	1

N. B. Un orphelinat n'était pas occupé.

Statistique de l'âge des orphelins.

Age....	0 à 5,	5 à 10,	10 à 12,	12 à 16,	16 à 20,	20 à 23,	23 etc.	Inconnu,	Tot.
Garçons	84	700	523	1483	1526	348	37	—	4701
Filles...	100	616	491	1390	1590	349	91	2	4629

du royaume. Les 989 autres communes sont complètement dépourvues de refuges de ce genre.

Il est impossible de préciser le nombre exact des malheureux petits êtres qui sont l'objet des soins de la charité religieuse, privée ou légale, mais il est permis d'affirmer, en se basant sur des renseignements quasi officiels, que le chiffre total des orphelins à charge de la bienfaisance est chez nos voisins de vingt-cinq [1] à vingt-huit mille pour une population de 3,579,529 habitants.

Ceux qui ne trouvent pas place dans les hospices sont placés en ville ou à la campagne, chez des particuliers.

Je me reprends.

Le manque de place ne détermine pas le mode d'éducation et d'entretien. Celui-ci dépend du système adopté par les commissions directrices, lesquelles, suivant leurs préférences personnelles, tantôt confient l'enfant à des nourriciers, tantôt lui ouvrent les portes de l'un ou l'autre établissement.

[1] *a*) D'après une statistique publiée en 1878, le nombre des enfants *assistés* en France, pendant l'année 1877, était de 125,000 (?), pour une population de 38,000,000 d'habitants. Le Département de la Seine entre dans ce chiffre pour les $^2/_5$.

b) En Angleterre, le chiffre des pupilles de la charité publique s'élevait, en 1876, à 243,000, pour une population de 24,000,000 d'habitants.

c) En Écosse, le nombre de ces enfants est de 7000 environ ; 5000 sont placés à la campagne et 2000 séjournent dans des orphelinats.

d) En Espagne, le nombre des enfants entretenus dans des hospices atteignait en 1864 le chiffre de plus de 60,000 élèves.

e) D'après des documents que j'ai consultés, le nombre des pupilles de la charité publique en Portugal, équivaudrait à peu près à la centième partie de la population de ce pays et se chiffrerait par plus de 30,000 enfants.

f) En Italie, nous trouvons, en 1867, 145,000 enfants pour une population de 21,000,000 d'habitants.

g) En Belgique le nombre des orphelins entretenus par la bienfaisance publique atteint le chiffre de 10,000 environ ; 4500 sont élevés chez des particuliers, 5500 placés dans des hospices. La population du royaume était, au 31 Décembre 1877, de 5,412,731 habitants.

Les Néerlandais, en effet, sont divisés d'opinion quant à la marche à suivre pour l'entretien, l'instruction et l'éducation des orphelins.

Les uns vantent les bienfaits du système de la vie commune dans les orphelinats, les autres au contraire trouvent ce système déplorable et préconisent les avantages de l'éducation de famille, ou dans une famille (¹), soit en ville, soit à la campagne.

Cette divergence d'opinion ne se manifeste pas seulement en Hollande, elle existe dans bien d'autres pays, notamment en Angleterre (²), en Allemagne et en Suisse. La question a été agitée en France. En Belgique, le Conseil communal de Bruxelles s'est prononcé en faveur du placement dans des familles bourgeoises, urbaines ou rurales, le Conseil communal d'Anvers au contraire, d'ac-

(¹) Par l'éducation de famille, à proprement et strictement parler on entend le système qui consiste à élever les orphelins dans des pavillons séparés et par groupes de 12 ou 14, sous la direction de préposés qui remplissent le rôle des parents.

Il va de soi que ces institutions, exigeant de vastes emplacements, seront principalement des colonies agricoles, bien que parfois des ateliers destinés à apprendre différents métiers aux orphelins soient annexés à ces établissements.

Ce système est appliqué en Suisse et en Angleterre. Dans le courant de l'année dernière, un nouvel institut de ce genre, l'institut Borel, a été fondé à Neufchâtel ; il sera établi sur le modèle et les plans du « *home for little boys* » de Farmingham, dans le comté de Kent. Ce système peut être excellent, mais il a l'inconvénient de coûter excessivement cher et de vouer tous les orphelins pour ainsi dire aux professions agricoles. Dans le langage usuel pourtant, « éducation de famille » signifie placement dans les familles et c'est ce sens que le lecteur est prié d'y attacher.

(²) Par arrêté du 28 Novemhre 1870, le *Poor-law-board,* présidé par M. Goschen, Ministre de S. M. Victoria, et sur l'initiative de celui-ci, a permis à tous les comités des paroisses de placer à la campagne, (*in country cottages*), des orphelins de 2 jusqu'à 10 ans, dans des familles bourgeoises, honnêtes, moyennant 4 shillings par semaine. Le nombre d'enfants à confier au même ménage est limité à deux ou à quatre s'il s'agit de frères et sœurs.

En Écosse le taux de la pension est en moyenne de 2 sh. 6 deniers par semaine et par tête.

cord avec la Commission des Hospices, en faveur du système d'éducation dans les orphelinats.

En Hollande, les deux modes restent en usage ; si d'un côté, le placement hors des établissements semble prendre çà et là une plus grande extension, d'autre part, le nombre des orphelinats augmente, alors qu'il résulte des données statistiques que le chiffre des pupilles de la charité publique a diminué sensiblement depuis quelques années. ([1])

Pour faciliter la solution du problême posé devant l'opinion publique de leur pays, des hommes de cœur et d'intelligence ont fondé à Amsterdam en 1869 une association : *de Vereeniging in het belang der weezen verpleging*, laquelle à son tour a donné naissance à une autre association destinée à développer le placement dans des familles : *de uitbesteding in 't gezin*. Le but de cette société à laquelle le Gouvernement s'est empressé d'accorder la personnification civile, est, comme le portent ses statuts : d'apporter dans le débat la plus grande somme possible de lumières et d'élucider cette question si simple en apparence, mais grosse de difficultés pratiques, à savoir : « d'après quel système l'éducation des orphelins » doit-elle être organisée pour former de ces enfants de la » nation, des hommes et des citoyens utiles à la société » et à la patrie ? »

La revue périodique publiée par cette Société est une des plus intéressantes que je connaisse ; je me hâte de

([1]) Dans le courant des dernières années, on a bâti à Leeuwaarden, à Dordrecht et à La Haye, des orphelinats qui dépassent en importance la plupart de ceux qui existaient déjà en Hollande, et la diaconie de l'Église néerlandaise réformée d'Amsterdam vient de mettre en adjudication la construction d'un établissement de ce genre pour la somme de fl. 378,864, non compris les frais d'acquisition du terrain et d'ameublement.

confesser que je me suis permis de la mettre largement à contribution.

*
* *

Et maintenant qui des deux a raison, des partisans de l'éducation de famille ou des défenseurs des orphelinats? L'exposé des arguments que font valoir les deux partis en faveur de leur opinion nous fera découvrir peut-être de quel côté se trouve la vérité.

Les personnes plus ou moins hostiles au maintien des orphelinats articulent contre ces établissements des griefs de nature diverse, notamment : de détruire l'esprit de famille, d'endormir le sentiment de la responsabilité personnelle, le *self-help*, de grever la fortune publique de charges considérables, nullement justifiées.

L'éducation de famille, disent-ils, la seule qui soit en harmonie avec les lois de la nature, est aussi la seule qui donne satisfaction aux exigences de la vie sociale.

L'enfant éprouve le besoin d'aimer, remplacez donc les affections à jamais éteintes par des affections nouvelles ; procurez-lui une famille d'adoption. En s'attachant à ses nourriciers, il se sentira moins isolé dans le monde et retrouvera ce qu'il avait perdu : un foyer domestique. Et à leur tour, les parents adoptifs « quand ils verront l'enfant » recueilli par eux leur tendre affectueusement ses petits » bras et les couvrir de ses innocentes caresses, se senti- » ront émus, pris de tendresse et de pitié. Ils lui rendront » baiser pour baiser, et, chassant toute idée de lucre, ne » songeront plus qu'aux devoirs sérieux qu'ils ont à rem- » plir à l'égard du cher petit orphelin confié à leurs bons » soins. » (1)

(1) Discours de M. Delecosse, prononcé dans la séance du Conseil communal de Bruxelles, du 2 Août 1875

L'exemple qu'il aura sous les yeux, apprendra à l'enfant, dès l'âge le plus tendre, la valeur du travail, l'abondance qui règne dans le ménage lorsque les commandes abondent, la gêne qui s'y manifeste lorsque celles-ci diminuent ou viennent à manquer. Il se fera une idée des joies et des chagrins du foyer domestique et entreverra ainsi d'une manière exacte le côté pratique de la vie réelle.

Ce n'est pas dans les orphelinats qu'il aura l'occasion de se familiariser avec les besoins de l'existence. Tout y marche avec une régularité pour ainsi dire mécanique; rien n'y trouble la ponctualité de la règle ; les convulsions politiques, les crises industrielles, les calamités de toute nature qui bouleversent le pays ne l'atteignent pas. Quoiqu'il arrive, l'enfant n'y trouvera pas moins sa table, sa couchette, ses vêtements. Cette quiétude dans l'existence exerce une influence fâcheuse chez l'enfant, elle le rend moins appliqué à son travail et éloigne de son esprit les idées qu'il importe d'y voir toujours présentes : celle de la dignité de l'homme, celle de la responsabilité personnelle. Comment voulez-vous, dans des conditions pareilles, qu'il devienne un citoyen utile à la patrie ? Il lui tombera un jour à charge, car un être sans courage et sans énergie, mou et indolent est incapable de faire face aux obstacles contre lesquels il se verra forcé de lutter, lorsqu'abandonné à lui-même, il devra vivre des ressources de son travail et de son activité. Et puis, est-il possible d'élever convenablement des masses d'enfants réunis sous le même toit, qui n'ont entre eux rien de commun si ce n'est la rencontre fortuite d'une même situation. Quel bien attendre d'une règle et d'un enseignement uniformes pour tous, alors que chacun de ces enfants devrait recevoir une éducation individuelle, spécialement appropriée à ses aptitudes, à son entendement et à son caractère ?

Et les frais donc, ne sont-ils d'aucun poids dans la balance ? Il est incontestable que l'éducation de famille est de moitié moins coûteuse que celle dans l'orphelinat dont les frais généraux sont énormément élevés (1).

Une dernière considération qui ne manque pas d'importance et fournit matière à réflexion, c'est que les orphelinats, en règle générale, sont des foyers d'immoralité. Il y règne des passions honteuses que dans l'intérêt de la santé et de l'éducation bien comprise des pupilles, il faut s'efforcer de dompter à tout prix.

Il arrive aussi que la corruption part des chefs, les annales judiciaires l'attestent ; de 1859 à 1868, sept régents, directeurs ou employés dans des orphelinats ont été condamnés à des peines très-sévères, pour s'être rendus coupables de crimes et délits prévus dans les articles 331 à

(1) Voici quelques chiffres recueillis çà et là :

A St-Galles en Suisse, chaque orphelin coûte par tête et par an . fr.	607.18
A l'Institut Victoria, dans le canton de Berne	315.82
» de Baechtelen, près de Berne.	435.85
A l'orphelinat du Sonnenberg, près de Lucerne.	440.—
A l'établissement d'Hegene, près de Constance	445.39
A Saverdun, Institut protestant en France	562.—
En Écosse dans les workhouses £ 10	252.—
A Farningham, dans le comté de Kent, au *home for little Boys*, à fr. 700 frais d'intérêts de rente non compris sinon	936.—
Au Children's Home Bonner Road, à Londres	400.—
A Arnhem (Hollande)	411.—
A Amsterdam, à l'orphelinat luthérien.	425.—
En France, en général de 450 minimum, à	600.—
A l'orphelinat Rummelsburger, près de Berlin	575.—
A Bruxelles, à l'hospice des orphelines, en 1878, à 2.45 par jour et pr tête.	895.34
A Anvers, en 1878, à l'orphelinat des garçons	635.10
» » » des filles.	349.45
» » » des enfants trouvés.	401.50

334 du Code pénal hollandais, c'est-à-dire, de faits contraires aux mœurs.

*
* *

Les partisans de l'éducation dans les orphelinats opposent à ces accusations graves de leurs contradicteurs une réfutation sérieuse.

« Vous invoquez », disent-ils, « les lourdes charges qu'entraîne l'administration des établissements consacrés à l'enfance. A la vérité, l'entretien des orphelins coûte généralement moins cher à la campagne ou dans les villes, mais cette considération est d'un ordre tout à fait secondaire. Vous ne voudriez pas nous ramener aux temps où les orphelins étaient adjugés aux enchères, au rabais, à la démonte, au moins offrant, après exposition préalable et publique, après examen et prisée de la part des chalands.

» Ne perdez pas de vue que le taux moins élevé du subside alloué aux nourriciers, considération dont vous faites grand étalage, pourrait être préjudiciable à nos intéressants protégés, si la question d'argent prenant le pas sur les autres, la plus importante de toutes : le choix de la famille, était reléguée à l'arrière plan. Les plus chauds partisans de votre système sont forcés de reconnaître eux-mêmes, lorsque l'entretien n'est pas accepté *pro deo*, c'est-à-dire gratuitement et par humanité pure, que « l'appât de la pension si minime qu'elle soit, est le motif principal qui engage les parents nourriciers à élever un orphelin » (1). Toutefois ils s'empressent d'ajouter : « qu'en général celui-ci trouve chez ses parents adoptifs un dévouement, une affection capables de remplacer dans la limite du possible, le dévouement et l'affection de la famille absente ».

(1) Voir Delecosse, *loco citato*.

« Il faut, » leur répond avec beaucoup de raison
» M. Othenin d'Haussonville, dans une de ses études sur
» l'enfance à Paris ([1]), « il faut se garder à ce sujet de toute
» illusion en bien comme en mal. Quoiqu'on fasse cette
» existence sera toujours triste. Sans doute on pourra citer
» l'exemple de tel ou tel enfant qui aura fini par trouver
» une famille véritable dans sa famille adoptive, qui aura
» épousé son frère ou sa sœur de lait, ou qui aura été
» choisi par ses nourriciers comme légataire universel.
» On pourra citer aussi des exemples du dévouement et
» de l'affection de certains nourriciers pour leurs élèves....
» Mais ce ne sont là que des exceptions, et il ne faut pas
» se dissimuler que l'avenir qui attend le plus grand nombre
» de ces enfants n'est pas très riant. »

« Et en effet, à de rares exceptions près, les professions auxquelles les orphelins sont destinés généralement, sont des professions manuelles ou agricoles. Dès ce moment, le choix des administrations doit s'arrêter sur des nourriciers capables de faire atteindre le but poursuivi.

» Mais où les trouver lorsque le nombre des enfants est trop considérable, ce qui arrive malheureusement dans toutes les grandes villes du continent? Il n'y a pas d'autre alternative : ce sera dans la ville même ou à la campagne. Dans les villes comme dans les campagnes, qui seront donc ces nourriciers? De fort braves gens, nous ne le contesterons pas; des ouvriers aussi honnêtes que possible nous le concéderons volontiers; des personnes de conduite et de mœurs irréprochables, soit encore ; mais cela suffit-il? Sont-ils à même de développer chez leurs pensionnaires les idées et les sentiments dont ces jeunes intelligences et ces tendres cœurs doivent être imprégnés?

([1]) *L'Enfance à Paris*, par le vicomte D'HAUSSONVILLE, ancien député. Paris. Calmann Lévy, 1079, p. 40.

» En admettant gratuitement que les enfants ne soient pas exploités par leurs nourriciers, toujours est-il que la modique rétribution allouée à ces derniers pour l'entretien et l'éducation est insuffisante, s'ils ne trouvent pas une compensation en utilisant les forces de l'enfant, en réclamant de celui-ci des services de toute nature.

» De deux choses l'une : ils se borneront en fait d'entretien au strict nécessaire et négligeront complètement l'éducation de leur pupille, ou ils réclameront de celui-ci en échange des sacrifices qu'ils s'imposent, un travail incessant, disproportionné avec ses forces naissantes. A quel résultat aboutirez-vous ? Ou ces enfants n'apprendront pas un état et resteront éternellement à charge de la société, ou ils succomberont à la tâche, exténués par un travail précoce. Heureux encore si leurs nourriciers ne les poussent pas au maraudage ou au vol, ce qui s'est présenté fréquemment. Et pour ne citer qu'un exemple entre mille : en 1872, en Gueldre, un enfant de neuf ans a été traduit de ce chef six fois en une seule année devant le juge cantonal.

» Est-ce là l'éducation intelligente que vous devez à vos pupilles ? Est-ce de cette façon que vous atteindrez votre but : de faire servir ces enfants « d'instruments de moralisation dans le milieu d'où ils sont sortis et où ils doivent rentrer » (1) ? Sera-ce chez ces hommes francs de manières, soit, mais rudes, peu instruits, routiniers, imbus de préjugés, superstitieux la plupart du temps, et qui eux-mêmes devraient encore faire leur éducation, que l'orphelin se formera l'intelligence et le caractère ?

» Est-ce une nourriture grossière, insuffisante, uniforme,

(1) *Des établissements charitables considérés au point de vue de l'amélioration et de l'éducation de la classe ouvrière*, par Ch. Verstraete, directeur de l'orphelinat de Gand, 1876, p. 5.

une couchette malpropre, placée dans un endroit humide, mal aëré, qu'il faut à ces enfants qui, presque tous, ont des germes de maladie ou des prédispositions héréditaires à la phthisie ?

» Vous déclarez les orphelinats infectés d'immoralité ; mais les demeures de vos nourriciers sont-elles des sanctuaires de vertu et de pureté ? Vos pupilles n'y ont-ils aucune relation avec les enfants de la maison, n'y vivent-ils pas pêle-mêle avec la famille de leurs nourriciers, et chose peut-être encore bien plus déplorable, dans la société d'hommes sans éducation aucune et d'une moralité fréquemment douteuse ? Les nourriciers n'ont-ils jamais eu maille à partir avec la justice et les fastes des tribunaux n'enregistrent-ils pas partout à leur charge des condamnations du genre de celles que vous releviez tout à l'heure contre les préposés des orphelinats.

» A Berlin même, où l'éducation de famille approche pour ainsi dire de la perfection, s'il faut vous en croire, où les ménages les plus favorablement connus semblent se disputer à l'envi la possession d'un orphelin, les tribunaux, n'ont-ils pas tout récemment condamné un nourricier à une peine sévère mais justement méritée, pour avoir fait subir à sa pupille, à peine âgée de onze ans, les derniers outrages !

» Ne vous bercez pas d'illusions : les vices secrets ont existé de tout temps. « Sur dix familles prises au hasard, » on peut affirmer qu'il y en a au moins trois dans les- » quelles les enfants en sont plus ou moins infectés ; ils » existent non seulement dans les internats, mais encore » dans les externats ; ils existent partout, et s'il était pos- » sible de faire une enquête sur les ravages de ce vice, » on constaterait certainement que les enfants placés

» chez les nourriciers sont loin d'en être exempts. » [1]

» D'ailleurs une direction sagement entendue et une surveillance incessante empêcheront la propagation du vice et même en limiteront l'éclosion à quelques cas isolés. L'extirpation est impossible, puisque la population des orphelinats se renouvelle sans cesse et se recrute dans les couches inférieures de la société où la promiscuité des sexes et des âges, le manque de toute éducation et la grande liberté des manières ne sont pas de nature à donner aux enfants des leçons d'une moralité exemplaire. »

*
* *

Pour ma part, j'ai toujours été partisan des orphelinats et l'étude nouvelle que j'ai faite de la question, loin d'ébranler ma conviction, n'a servi qu'à la fortifier. J'aurais pourtant mauvaise grâce de contester qu'à première vue, l'idée de l'éducation de famille ne soit pas séduisante, que la pensée de rendre à l'enfant une famille, des affections perdues ne soit pas noble et touchante. Mais il en est de cette théorie comme de bien d'autres, elle se heurte contre des difficultés d'exécution, des impossibilités même de nature à engager ceux qui s'occupent de bienfaisance à ne pas lâcher la proie pour l'ombre et à ne pas s'exposer à des mécomptes et à des déconvenues.

Je ne prétends pas que l'éducation de famille ne donne nulle part des résultats satisfaisants et qu'avec le temps peut-être elle ne puisse s'implanter dans nos mœurs; mais nous n'en sommes pas encore là, il faut de longues années encore avant qu'il y ait lieu d'y songer. Elle ne présentera aucune garantie de succès aussi longtemps que l'instruction

[1] VERSTRAETE. Rapport sur la marche de l'orphelinat de Gand en 1877-78, p. 7.

et l'éducation, en pénétrant dans les masses, n'auront pas élevé le niveau de la civilisation dans les villes comme dans les campagnes.

Je le reconnais volontiers, l'application du système qui a mes préférences est onéreux pour les finances des villes et des communes. Je comprends que les autorités reculent parfois, (et la ville de Bruxelles nous en fournit la preuve), devant les charges considérables dont la création d'établissements pareils grèverait le budget, et que mûes par cette considération, elles s'en tiennent à l'éducation de famille.

Voilà l'intérêt de l'administration des pauvres, mais l'intérêt des pauvres, celui de nos chers orphelins n'est-il pas sacrifié ?

L'allégation produite que l'enfant trouve généralement chez ses nourriciers une nouvelle famille est très-sujette à caution. Les enquêtes nombreuses faites sur ce point semblent démontrer le contraire. Je me contente de renvoyer les incrédules à des documents non suspects de partialité, aux rapports très-consciencieux dressés par les délégués de l'Association « *In het belang der Weezenverpleging* » et édités dans le recueil périodique publié par les soins de cette société. Il résulte de ces documents que le sort des pensionnaires élevés hors de l'orphelinat laisse énormément à désirer dans la plupart des localités.

Un exemple entre mille. Je lis dans le rapport fourni au sujet des placements effectués dans la Gueldre une phrase qui donne matière à réflexion et que voici : « Dans » cette province il n'y a qu'un principe, qu'une loi pour les » nourriciers : aux champs, l'orphelin beau de stature et » bien constitué, à l'établi du tailleur, l'orphelin chétif et » contrefait. » [1]

[1] Année 1870, p. 80.

En tout état de cause, et pour peu qu'on veuille rester logique, les placements devraient être effectués en ville et non pas à la campagne. N'oublions pas que l'avantage vanté de l'éducation chez des nourriciers est d'assurer à l'enfant une famille d'adoption. Or, si l'on envoie l'orphelin grandir et se former loin des lieux où il est né, les administrations charitables ne tiennent aucun compte des liens du sang qui attachent peut-être l'enfant à sa ville natale. Elles perdent de vue qu'elles le séparent souvent de ses frères, de ses sœurs, d'autres parents encore, dont il est tendrement chéri, mais qui, surchargés de famille ou dans une position peu brillante, ne sauraient faire face à l'entretien du pauvre malheureux, et se trouvent obligés, à leur grand regret, de le laisser inscrire aux registres de la charité. Et cela est si vrai, que maintes fois j'ai vu des frères et des sœurs, des oncles et des tantes supplier l'Administration des Hospices de notre cité de ne pas enlever l'orphelin à leur affection, de lui permettre d'achever son éducation et son apprentissage dans les murs de sa ville natale.

D'ailleurs, le renvoi à la campagne est la punition infligée aux pupilles qui donnent des motifs de mécontentement à leurs tuteurs, et ce renvoi est aussi la punition que les enfants redoutent le plus. La ville n'est-elle pas, pour eux comme pour nous, leur chez-soi, l'objet de leur affection, leur séjour de prédilection, leur idéal, leur vie ?

Toutes ces raisons donc doivent engager les administrations charitables, urbaines et rurales, à ne pas éloigner les orphelins de l'endroit de leur naissance, par sentiment d'humanité autant que par raison de convenance. En effet, c'est là que les enfants trouvent l'éducation la mieux appropriée à leur caractère, la profession la plus en rapport avec leurs aptitudes, leurs goûts naturels, la manière d'être de la classe d'où ils sont sortis.

En Belgique, les mœurs de la population de nos villes ne s'accommodent généralement pas des placements à la campagne, les seuls qui soient praticables.

L'expérience démontre d'ailleurs que l'éducation à la campagne est préjudiciable à l'avenir des orphelins citadins. Il ne faut pas songer à en faire des agriculteurs ; ils sont complètement impropres à cette carrière. Et quant aux professions manuelles, il est impossible de trouver des patrons suffisamment experts dans leur métier, suffisamment occupés surtout, pour que, les années d'apprentissage écoulées, les orphelins reprennent le chemin de leur ville natale, (ce qui chez eux est de tradition constante), pourvus des connaissances et de l'habileté requises pour gagner honorablement leur vie.

Et en somme, qu'on les place en ville ou à la campagne, je ne m'explique pas comment la surveillance pratiquée par des nourriciers sur les élèves qui travaillent chez eux, et spécialement sur de simples pensionnaires en apprentissage chez un autre patron, puisse être plus efficacement exercée par ces personnes-là que par le personnel dirigeant de l'orphelinat.

Au résumé, le danger de l'éducation de famille consiste dans la trop grande confiance que l'on est obligé d'accorder à une seule personne, sans pouvoir exercer sur celle-ci un contrôle suffisant.

Le danger opposé apparait pour l'orphelinat ; le contrôle y est trop sévère, la règle trop uniforme, la direction trop impersonnelle, pour qu'il soit possible de donner à chaque élève, pris individuellement, les attentions que réclame la nature différente de chaque caractère. C'est aussi l'opinion que nous exprimait un des fondateurs de la Société « *in het belang der Weezenverpleging* », lors de sa visite à nos établissements à Anvers, et je l'ai soigneusement gardée dans ma mémoire.

A mon avis, mieux vaut une maison mère où les orphelins reçoivent les bienfaits de l'instruction et de l'éducation primaires, où on les débarbouille, les dégrossit au physique comme au moral, où ils séjournent tant que l'insouciance de l'enfance n'aura pas fait place aux préoccupations de l'avenir que l'adolescence fait naître. A ce moment l'orphelinat devra changer de destination et de caractère. La maison hospitalière subsistera en ce sens que les enfants continueront à y recevoir les soins matériels et intellectuels que leur âge comporte, mais l'instruction professionnelle leur sera procurée au dehors de l'établissement, et plus particulièrement aux garçons. Ceux-ci feront leur apprentissage chez des patrons en ville et s'initieront dans les connaissances pratiques de l'un ou l'autre métier qu'ils auront choisi librement, suivant leurs goûts et leurs aptitudes. Ce mode, largement usité en Belgique, ne présente pas, à ce que je sache, des inconvénients graves et ne soulève pas d'objections sérieuses. D'ailleurs dans le système contraire on n'agit pas autrement, à la pension près.

Reste la question des frais.

A première vue, il semble que l'argument déduit des charges financières doive exercer une influence considérable sur le sort et l'avenir des orphelinats. Un examen plus attentif des choses démontre que cette considération d'économie n'est qu'un mirage trompeur, et que de la réalité des faits se dégagent des conséquences diamétralement opposées à celles que l'on s'imaginait devoir découler, à l'avantage du trésor, de cette épargne mal entendue et mal comprise. Car, comme le fait remarquer M. Ver-

straete ([1]) « pour avoir réalisé une économie plus ou moins
» réelle sur la première éducation de ces enfants, la com-
» mune est obligée ensuite de les entretenir pendant
» toute leur vie dans les hôpitaux, dans les dépôts de
» mendicité ou dans les prisons. »

Cette considération d'économie, jointe au souvenir d'une expérience tentée autrefois et qui n'avait produit que des résultats déplorables, a pourtant déterminé l'administration communale de Bruxelles de ne pas donner suite à la demande d'érection d'un orphelinat dont elle avait été saisie par voie de pétition.

« Un mauvais résultat obtenu » continue M. Verstraete,
« ne détruit en rien les principes de justice, d'humanité
» et d'organisation sociale qui justifient et nécessitent la
» création de ces établissements. Il prouve seulement que
» les administrateurs n'ont pas su trouver la vraie voie qui
» devait les conduire au but à atteindre et qu'il était né-
» cessaire de changer la marche suivie.... C'est un remède
» par trop commode que de supprimer ce que l'on n'a pas
» su diriger, au lieu de chercher les causes de l'insuccès
» et de modifier ce qui est vicieux. »

La société « *in het belang der Weezenverpleging* » a parfaitement compris cette vérité. Elle rejette soigneusement tout principe absolu d'éducation, et bien que les sympathies de la majeure partie de ses membres soient acquises à l'extension de l'éducation de famille, elle n'en poursuit pas moins l'amélioration du régime suivi dans les orphelinats. Cette opinion est aussi celle de l'un des hommes les plus compétents de la Hollande, M. Beudeker, directeur de la section des pauvres nourris et entretenus

([1]) Ouvrage cité, p. 6 et 7.

aux frais de la ville d'Amsterdam (¹), le promoteur et l'organisateur intelligent de l'éducation de famille. « Je crois » nous disait-il, « que si l'on veut faire une œuvre profitable à l'humanité, les deux systèmes doivent fonctionner simultanément, se compléter l'un l'autre, mais les circonstances indiqueront lequel de ces systèmes doit être placé au premier rang. »

Et en effet, il est des enfants pour qui le séjour hors de l'hospice est désirable dans l'intérêt de leur santé et de leur avenir; il en est d'autres, pour qui le séjour à l'hospice est nécessaire à divers titres. L'essentiel est que chaque élève reçoive une éducation conforme à ses aptitudes et à son caractère; la forme d'exécution devient sans importance du moment que le principe n'est pas perdu de vue. (²)

*
* *

Il est temps de quitter le terrain de la discussion, et d'aborder le domaine des faits. Je vais donc tout d'abord esquisser à larges traits le mode usité en Hollande pour le placement à la campagne. La meilleure source à laquelle je puisse me renseigner, est sans contredit le fondateur, l'organisateur de ce système, l'honorable M. Beudeker,

(¹) Inrichting voor stads bestedelingen.

(²) Ce système fonctionne à Berlin. Tout enfant est interné à l'hôpital Fréderic-le-Grand où il est tenu en observation pendant 15 jours au minimum. On recherche entretemps le genre de placement qui convient à l'enfant et on l'envoie soit à la campagne, à Charlottenburg ou à Köpenick, soit dans une famille bourgeoise *en ville*, soit à l'orphelinat, soit dans une maison de correction.

L'orphelinat de Berlin est situé à 1/2 lieue de la ville, à Rummelsburg; il a été bâti en 1865, occupe 16 hectares environ et a coûté frs. 1,291,720.—, il peut contenir plus de 500 enfants. Depuis 1870, il ne renferme plus que des garçons; le placement en pension bourgeoise ayant été adopté comme règle générale pour les filles.

qui, depuis plus d'un quart de siècle, a été placé et maintenu par la confiance de l'autorité municipale à la direction de cette branche importante de la bienfaisance publique. Avec une obligeance et une affabilité auxquelles je suis heureux de pouvoir rendre publiquement hommage, il s'est empressé de nous donner toutes les explications désirables, et d'une façon tellement complète que nos observations ne sont qu'une transcription écourtée de ses intéressantes communications.

« Notre système, disait-il, est double ; nous avons un établissement hospitalier, mais nos placements d'orphelins ont généralement lieu à la campagne (*ten platte lande*).

» Cet établissement date du XVIIe siècle. C'est alors que l'*Aalmoezeniers-Weeshuis* fut construit. Il subsista jusqu'en 1825, époque à laquelle le manque de place et d'autres raisons encore, trop longues à énumérer, forcèrent l'Administration des pauvres à en décréter la suppression et à réorganiser le service.

» Lors de mon entrée en fonctions, en 1850, le chiffre de nos pupilles était descendu de 4340 qu'il atteignait en 1818, à 1021. La plupart séjournaient à Veenhuizen. Cet établissement laissait énormément à désirer sous tous les rapports, aussi bien au point de vue matériel qu'à celui de l'instruction et de l'éducation morale.

» Cet état de choses m'attrista profondément ; je m'efforçai d'y porter remède.

» Je me souvins d'un texte de l'Évangile d'où ressort « que les enfants sont une bénédiction du Seigneur », et je remarquai, combien cette parole était vraie, lorsqu'on songeait à en faire application à l'ouvrier pour qui les enfants, au début, sont une véritable gêne et deviennent avec le temps un élément de prospérité.

» Je préconisai donc l'essai de placer les pupilles

soumis à notre autorité dans des endroits salubres, et spécialement dans la localité de Goor ([1]), que mes relations personnelles m'avaient appris à connaître et dont les habitants avaient conquis toutes mes sympathies. Cet essai donna des résultats tellement excellents, qu'en 1863, tous nos enfants étaient en pension à la campagne et qu'en 1869, ce mode d'éducation fut déclaré obligatoire pour notre Administration. Le placement de nos pupilles ayant pris cette extension, Goor devenait insuffisant. Notre choix se fixa sur différentes localités parmi lesquelles je vous cite Soest, dans la province d'Utrecht et Heusden, dans le Brabant septentrional.

» Toutefois je me gardai bien de pousser à la suppression de l'orphelinat; je conseillai de le réorganiser. Mes propositions furent acceptées. On se passa des dépôts provisoires, appelés (*Gasthuisminnen*), et l'on décréta la création d'un hospice à proximité des bureaux de notre Administration.

» Cet asile fut inauguré en 1865; il peut contenir de 100 à 120 lits, mais il n'en possède que 60, parceque les salles communes, les dortoirs exceptés, ne répondent pas aux exigences de l'hygiène préconisée par les meilleurs praticiens.

» Les malheureux enfants à qui nous ouvrons les portes de notre asile sont d'abord les enfants momentanément abandonnés (*tijdelijke opgenomen kinderen*) par suite de la maladie, de l'emprisonnement ou du séjour de leurs parents dans l'Armenhuis; ensuite les enfants abandonnés et pris à notre charge (*voor goed opgenomen kinderen*), âgés de plus de sept ans, en attendant un placement convenable chez des parents, des amis ou à la campagne;

([1]) Dans la province d'Over-Yssel.

enfin les enfants déjà placés (*reeds uitbesteedde kinderen*) mais repris à leurs nourriciers pour l'un ou l'autre motif, par mesure administrative, d'ordre, de discipline ou pour cause de maladie et réintégrés dans notre asile, un vrai refuge et qu'à juste titre nous pouvons appeler notre maison mère (*ons moederhuis*).

» Le personnel de l'établissement se compose d'une directrice (*eerste moeder*), d'une économe (*tweede moeder*), d'un surveillant, de quelques professeurs et d'un certain nombre de domestiques. La nourriture est frugale mais amplement suffisante. L'uniforme est simple et bourgeois. Chaque enfant a sa couchette distincte : un berceau ou un lit en fer. L'aëration des dortoirs ne laisse rien à désirer. Les bains hebdomadaires sont obligatoires. L'instruction primaire est donnée dans les écoles communales. L'enseignement professionnel pour les filles et les leçons d'adultes ont lieu dans l'établissement ; la gymnastique fait partie du programme des études. La surveillance est constante ; jamais les élèves ne sont un seul instant abandonnés à eux-mêmes.

» Nous avons aussi une succursale où nous plaçons en observation les enfants que nous acceptons, ainsi que tous les enfants volontairement abandonnés par leurs parents. Cette mesure était nécessaire. Il importait de mettre un terme à ces abandons par trop fréquents auxquels nous exposait la bonne réputation de notre orphelinat (¹) que

(¹) Cette observation et cette expérience sont communes chez tous ceux qui s'occupent de l'éducation des orphelins. Le docteur Ladame dans un ouvrage intitulé « *les Orphelinats de la Suisse et des principaux pays de l'Europe* » publié en 1879, signale à l'attention des administrations cette triste conséquence : que l'acceptation d'enfants orphelins de mère, engage plus d'un père qui aurait pu entretenir sa famille, à abandonner celle-ci aux soins de la bienfaisance publique, pour aller mener ailleurs une vie plus libre, plus indépendante et exempte de soucis.

le séjour d'un trop grand nombre d'élèves de cette catégorie aurait fatalement fini par compromettre.

» Le 31 décembre 1878, la population de notre établissement était de 44 enfants ; le chiffre total de nos pupiles de 539.

» Le coût de la nourriture a atteint le taux de fl. 0,19.5 par jour et par tête. Le coût de l'entretien complet (frais d'administration et frais de toute nature compris) celui de fl. 0,59. Le nombre de journées d'entretien a été de 16.168.

» Je viens de dire ajouta notre obligeant interlocuteur que le chiffre total de nos pupilles s'élevait à 539, à savoir :

A. Orphelins 280
B. Enfants abandonnés 190
C. » trouvés 53
D. » forcément et momentanément abandonnés 130
E. » dont les parents sont momentanément dans un refuge (¹) 2

(¹) La même classification est adoptée à Berlin.

a) En vertu du décret de 1811 trois catégories d'enfants ont droit, en France, à l'assistance publique : les enfants trouvés, les enfants abandonnés et les enfants orphelins.

b) Ce décret qui a reçu force exécutoire en Belgique y est en vigueur pour toutes les dispositions qui n'ont pas été modifiées ou formellement abrogées par la législature postérieure.

c) En Angleterre, l'assistance légale s'exerce au dehors *(out-door-relief)* et à l'intérieur des établissements *(in-door-relief)*. Les catégories d'enfants assistés sont les suivantes : 1° les *casual children*, c'est-à-dire, ceux dont les parents sont momentanément dans un refuge, 2° les *orphans*, c'est-à-dire, orphelins, enfants de femmes veuves ou abandonnées par leurs maris et 3° les *deserted-children*, c'est-à-dire trouvés ou abandonnés. Ces trois catégories reçoivent l'*in-door-relief*, et jusqu'à l'âge de deux ans leur séjour est le Workhouse. Puis on les place dans les écoles du Workhouse ou dans des écoles séparées *(separate schools)* ou dans des écoles de district *(district schools)*, ou bien, à la suite de la décision récente du *poor-law-board*, à la campagne *(in country-cottages)*.

» Ces enfants sont placés de la manière suivante : à l'orphelinat 44 ; chez des nourrices en ville 45 ; chez des parents ou amis, avec subside 115, *pro deo* (gratuitement) 12 ; à la campagne 223.

» Aux nourrices en ville, c'est-à-dire, à des femmes mariées ou veuves pourvues d'une bonne demeure, l'Administration confie jusqu'à l'âge de sept ans les enfants définitivement acceptés et ceux qui, l'étant provisoirement, n'ont pas atteint trois ans.

» Le salaire de ces nourrices est tarifé à vingt-cinq cents par jour, soit à une somme annuelle de fl. 91,25, non compris les vêtements dont la valeur est de 15 à 20 florins.

» Une mesure vient d'être prise tout récemment. L'Administration accorde aux nourrices une indemnité hebdomadaire pour logement de cinquante cents par enfant, mais limitée à deux florins par semaine quelque soit le nombre des pensionnaires confiés à un ménage.

» Cette mesure produit d'excellents résultats. Elle permet aux nourriciers de se procurer des habitations plus spacieuses et mieux aménagées ; elle nous donne le droit d'exercer sur ces familles un contrôle plus minutieux et plus efficace.

» Deux commissionnaires (*loopmoeders*) sont chargées de ce soin. Elles visitent tous les enfants hebdomadairement aux jours et heures différentes à indiquer par l'Administration. Celle-ci leur remet en même temps le bulletin de renseignements qu'elles ont à remplir et dans lequel une colonne est ménagée pour les observations.

» Le placement en ville chez des parents ou amis de l'orphelin est considéré comme participant à certains égards de l'entretien *pro deo*. Aussi n'accorde-t-on dans ce cas qu'une indemnité annuelle de 50 florins en argent et de 15 florins en habillements. Dans cette catégorie sont compris quelques mineurs qui sans être entièrement à la charge de l'Administration restent encore sous sa tutelle. L'entretien de ces enfants coûte à l'Administration cent vingt florins par tête et par an.

» J'arrive au placement des orphelins à la campagne. Ce placement se fait généralement chez des agriculteurs ou chez des artisans et de telle façon que nos pupilles peuvent achever leur éducation chez le même nourricier et sont à même, à dix-huit ans au plus tard, de pourvoir à leur entretien (1).

» L'école est obligatoire pour tous les orphelins, sans exception, âgés de moins de douze ans ; les nourriciers produisent trimestriellement à l'Administration un certificat de présence délivré par l'instituteur. En cas d'absence non justifiée de l'enfant de l'école, le nourricier se voit infliger une retenue sur la subvention qui lui est allouée ; en cas de fréquentation régulière, on lui accorde une prime assez élevée.

» L'enseignement religieux est donné par le Ministre du culte dont l'orphelin se réclame.

» Les vêtements sont fournis semestriellement par l'Administration, sur état, et expédiés confectionnés ou non au vœu des nourriciers qui de la sorte peuvent, s'ils le désirent, faire disparaître toute distinction de costume entre leurs pensionnaires et leurs propres enfants.

» La valeur du premier trousseau est de 25 à 30 florins ; le taux de la pension tarifé comme suit :

(1) Les enfants qui tombent à charge de l'Administration appartiennent aux dernières couches sociales ; les autres sont élevés par les Églises ou les particuliers.

1e classe	de 7 à 12 ans accomplis,	fl. 50 en argent,	fl. 15 en habil.,	fl. 10 divers.
2e »	12 à 13	»	45 »	18 »	10 »
3e »	13 à 14	»	40 »	18 »	10 »
4e »	14 à 15	»	30 »	18 »	10 »
5e »	15 à 16	»	20 »	18 »	10 »
6e »	16 à 18	»	10 »	24 »	10 »

» Des exceptions sont admises, l'Administration décide souverainement à cet égard (1).

» Aux termes du réglement, les nourriciers lorsqu'ils viennent toucher trimestriellement le montant de la pension, sont accompagnés des enfants qui leur ont été confiés.

» Tant que l'enfant fréquente l'école, une prime extraordinaire de quatre florins est allouée aux nourriciers; parfois on y ajoute une gratification de dix à vingt florins dont le « fonds spécial » (2) fournit les ressources, et ce, pour alléger les charges qu'entraîne l'apprentissage de certains métiers.

» Je reconnais, ajoutait l'honorable directeur, que cette allocation, dont le maximum n'atteint que quatre-vingt-cinq florins pour les classes inférieures et cinquante florins pour les classes supérieures, n'est pas très-élevée. Mais à notre avis ce fait même doit assurer les bons résultats de notre système d'organisation, puisque le prix peu rémunérateur de la pension nous met nécessairement en rapport avec des nourriciers ni de condition trop infime, ni de caractère trop cupide. »

« Et cependant, interrompis-je, vous êtes plus géné-

(1) A Berlin on paie par an, indépendamment des habillements :

Un an............	th. 60 =	f. 225
2 ans.........	48 =	180
3-6 ans...........	42 =	157,50
7-14 ans...........	36 =	142,50

(2) Caisse particulière, destinée à des aumônes, des gratifications ou des primes non prévues par les réglements.

reux encore qu'à Anvers. Indépendamment des frais de chaussure, de vêtements et d'écolage, la somme de cent francs est le maximum de la subvention annuelle qu'on y accorde pour l'enfant âgé de moins d'une année. Dès qu'il atteint cet âge, la pension n'est plus que de quatre-vingt-quinze francs ; elle diminue graduellement de cinq francs jusqu'à l'époque de la quinzième année à laquelle l'allocation n'est plus que de cinq francs par trimestre. A quinze ans révolus, toute subvention est supprimée sauf pour les élèves mis en apprentissage.

» Toutefois, il importe de ne pas perdre de vue qu'à Anvers le placement à la campagne pour les orphelins est l'exception; pour les enfants abandonnés, il est de règle. Je crois, comme vous le faites observer qu'il serait dangereux de confondre réglementairement les élèves des autres catégories, les enfants trouvés exceptés, avec les orphelins.»

« Tel est mon avis, répondit M. Beudeker, et nous évitons soigneusement de mettre sur la même ligne les orphelins et les semi-orphelins. Pourquoi s'exposer de gaieté de cœur à des embarras de toute nature dont les régents de l'orphelinat du St-Esprit de Leide pourront vous dire des nouvelles ? L'expérience leur a coûté cher.

» Je disais donc que nous mettons le plus grand soin à choisir nos nourriciers de telle manière que l'orphelin puisse, le cas échéant, séjourner chez eux jusqu'à la fin de son apprentissage. S'il est établi que la maison ne lui convient pas, on le déplace. Défense absolue est faite à tout nourricier, sous peine d'amende et de radiation des listes, de surmener l'enfant, de l'employer à des occupations purement serviles, de l'envoyer garder le bétail, fourrager, glaner ou marauder, et aussi, de lui donner des liqueurs fortes, n'importe pour quel motif.

» Nous tenons strictement la main à l'observation du

réglement. Le directeur visite chaque année tous les orphelins et communique ses observations au conseil. Nos contrôleurs ou fondés de pouvoirs nous envoient trimestriellement un rapport détaillé et raisonné de leurs tournées; ils nous signalent les besoins constatés, les améliorations obtenues, les réformes ou les modifications désirables. Ces fondés de pouvoirs, nous les prenons dans la classe aisée; leurs fonctions sont gratuites, sauf qu'il est accordé pour frais de route, etc., une indemnité insignifiante par enfant.

» Voilà, dit le dévoué directeur, sur quelles bases s'opère chez nous le placement des orphelins. Elles sont heureuses puisqu'elles ont donné des résultats que j'ose nommer concluants et qui ont été publiés.

» Il serait oiseux d'entrer dans de plus longs détails; les rapports, les statistiques et les réglements, dont je me permets de vous offrir la collection, compléteront les renseignements que je suis heureux d'avoir pu vous fournir. »

J'ai parcouru avec une attention extrême tous ces documents, et j'avoue n'y avoir plus trouvé grand chose à glaner après les explications que nous avions reçues de la bouche même de l'honorable M. Beudeker. Je relève pourtant dans une notice un petit détail bon à signaler.

Que de fois des parents ou des amis ne sollicitent-ils pas la faveur de pouvoir, avec ou sans subside, se charger de l'éducation d'un orphelin. Mais que de fois aussi se hâtent-ils, après quelques mois, quelques semaines même, de s'en débarrasser, s'ingénient-ils à rendre la vie dure, amère, insupportable à leur pupille d'adoption, finissent-ils par le chasser honteusement du logis au mépris de leurs engagements et de tout sentiment d'humanité. Pour garantir les pensionnaires de pareils agissements, l'Administration stipule toujours, au cas où l'enfant lui serait rendu sans motifs légitimes, une amende minimum et annuelle de fl. 20 à payer à l'enfant pendant tout le cours de la minorité de ce dernier. Cette stipulation est possible puisqu'aucun placement quelconque ne se fait que sur contrat d'engagement.

J'ai constaté avec plaisir dans le rapport de l'année 1878 que l'Administration a envoyé au bord de la mer plusieurs enfants atteints d'affections chroniques, et que le succès l'a amplement dédommagée des sacrifices que de ce chef elle a dû s'imposer.

*
* *

Avant d'en finir avec le système d'éducation de famille, je désire toucher quelques mots des institutions que dirige la Diaconie de l'Église Luthérienne *(de Evangelische Luthersche Gemeente.)*

Je suis d'autant plus heureux de les avoir visitées que j'ai pu me faire ainsi une idée de l'ensemble d'une administration charitable *(armverzorging)* confiée à une Diaconie. J'ai hâte de déclarer que les divers services sont parfaitement organisés ; qu'il règne dans toutes les sections une propreté remarquable, un ordre parfait, que tout dénote une direction intelligente, sagement raisonnée, paternelle, ennemie des aventures et soucieuse du bon emploi du capital abandonné à sa gestion.

Là, comme chez l'honorable M. Beudeker, nous avons rencontré la plus grande obligeance de la part de la direction, là aussi les renseignements les plus circonstanciés nous ont été donnés par les régents et les régentes de l'établissement.

Prévenue de notre visite, l'Administration au complet, a daigné nous faire les honneurs de ses locaux, et fidèle aux anciennes traditions hospitalières de la Hollande, elle a voulu rompre avec nous le pain dans cet asile de la misère sanctifié par la charité.

Un pareil accueil est toujours agréable; mais quel prix n'a-t-il pas pour l'étranger que le désir de s'éclairer et de s'instruire a conduit hors de son pays ! L'empressement avec lequel on satisfait sa curiosité est à ses yeux la meilleure des preuves que l'on apprécie à sa juste valeur le sentiment louable qui le guide dans son exploration.

La Diaconie de l'Église évangelique luthérienne, elle aussi, est entrée dans les voies de l'éducation de famille pour ses orphelins; toutefois elle n'abandonne pas les antiques traditions et conserve son orphelinat. Au 31 décembre 1879, la Diaconie entretenait 125 orphelins : 66 garçons et 59 filles ; 16 de ces garçons et 31 de ces filles étaient placés à la campagne; 2 étaient militaires, 4 marins; les autres séjournaient à l'hôpital.

Le mode et les formalités du placement ne diffèrent pas sensiblement de ce qui se pratique dans l'*Inrichting voor stadsbestedelingen* mais on ne signe pas de contrats. Il s'effectue a raison de trois florins par semaine et par tête, non compris les vêtements, ce qui équivaut à fl. 156 par an, soit fr. 330.25, indépendamment des vêtements, des frais d'instruction et des frais médicaux.

Les literies et les couvertures sont fournies aux nourriciers par l'administration.

La direction tache autant que possible de placer deux enfants dans le même ménage, d'abord, parceque six florins par semaine constituent un certain revenu pour les nourriciers, ensuite, parceque de cette manière elle peut permettre à des frères et à des sœurs de séjourner sous le même toit.

Les placements ont lieu dans des localités disséminées et ne sont consentis par la direction que lorsque les conditions dans lesquelles ils sont faits lui semblent irréprochables. Au dire de nos aimables amphitryons, et ils avaient déjà consigné cette observation dans le compte-rendu des travaux de la Diaconie pendant l'année 1878, le plus grand obstacle à l'extension du système est la difficulté immense de trouver des ménages convenables. « Malgré les précautions de toute nature que nous prenons », ajoutaient-ils, « les peines personnelles que nous nous donnons, les garanties que nous exigeons, nous avons été maintes fois trompés. »

Voilà un aveu qui a son prix, puisqu'il émane d'hommes qui se dévouent passionnément au soulagement des misères de l'enfance par simple amour du prochain et paient de leur personne dans toutes les circonstances. Et malgré tout, ils ne parviennent à trouver un placement convenable que pour 47 orphelins !!.. Ce qui n'empêche pas les auteurs français de proclamer les excellents résultats que donne aux yeux de l'assistance publique à Paris le placement de ses 26,500 orphelins dans le sein de familles de cultivateurs, « grâce au discernement avec lequel ces familles sont choisies parmi cette population rurale, sobre, économe, laborieuse, qui forme une des forces vives de la France. »

Des mots et rien que des mots. On affirme et voilà tout !.... La vérité, la voici ; je l'emprunte à M. Maxime Ducamp : « Au fur et à mesure que l'enfant grandit, » dit-il, « il peut rendre mille petits services qui sont une sorte » de compensation aux soins dont il est l'objet. A six ou » sept ans, selon les pays qu'il habite, il peut conduire » aux champs les dindons et les oies ; à dix ans, il garde » les moutons, il tresse des paniers, il jette la bottelée

» de foin dans le ratelier des écuries, il porte la pitance » aux hommes qui font la moisson. A douze ans, la pen» sion est supprimée, car il est considéré comme pouvant » fournir un travail équivalent à la nourriture qu'il reçoit.... » Il est stipulé avec les nourriciers que les enfants doivent » fréquenter les écoles communales, depuis six ans jusqu'à » quatorze.... Le paysan cependant, ne comprend pas » encore bien l'utilité de l'instruction ; pour lui, le temps » qui n'est pas employé à un travail manuel est du temps » perdu. Les préjugés en cette matière sont singulière» ment tenaces, et nous leur devons d'offrir cette anomalie » au moins étrange d'un peuple qui ne sait ni lire, ni » écrire et dont le premier droit politique est l'exercice » du suffrage universel. [1] »

*
* *

Bien que le système du placement en pension à la campagne trouve des champions zélés et convaincus chez nos voisins et que ce système ait pris depuis quelques années plus d'extension dans leur pays, l'éducation commune n'en reste pas moins pratiquée sur une vaste échelle et rien ne fait prévoir qu'on y renonce de si tôt. L'examen de l'organisation de ces établissements qui, pendant des siècles, ont valu à la Hollande une grande célébrité n'a donc rien perdu, ni de son importance, ni de son utilité. Ce travail, d'ailleurs, n'offre pas de complications, puisque malgré la multiplicité du nombre, tous les orphelinats, grands ou petits, se ressemblent généralement sous le rapport de l'aménagement, du régime, de la réglementation et de la discipline.

[1] Paris, ses organes, ses fonctions et sa vie. Tome IV, p. 228.

Je ne m'arrêterai qu'à trois établissements particulièrement intéressants : le grand orphelinat de La Haye, le *Burgers Weeshuis* et le *Roomsch Maagdenhuis* d'Amsterdam ([1]). L'occasion se présentera naturellement au cours des observations que suggérera cette visite, de faire ressortir les principes sur lesquels repose, en Hollande, l'éducation dans les orphelinats et leur similitude avec ceux qui servent de base en Belgique aux institutions hospitalières de cette catégorie.

([1]) D'après le dernier recensement du 31 décembre 1869, la population, le nombre des orphelinats et des enfants élevés dans ces établissements, étaient, pour les villes de :

Amsterdam............	264,694	habitants,	13	orphelinats et	1679	enfants.
La Haye...............	90,227	»	8	»	842	»
Utrecht.................	59,299	»	8	»	338	»
Zaandam..............	12,026	»	8	»	268	»
Groningue.............	38,528	»	7	»	286	»
Rotterdam.............	116,232	»	6	»	492	»
Leide..................	38,493	»	5	»	357	»
Delft....................	21,836	»	5	»	163	»
Nimègue...............	22,842	»	4	»	369	»
Haarlem...............	30,530	»	4	»	280	»
Leeuwaarden...........	25,121	»	4	»	212	»
Francker (Frise).........	6,187	»	4	»	89	»
Arnhem................	31,626	»	3	»	219	»
Kampen................	14,853	»	3	»	136	»
Maastricht.............	27,808	»	3	»	191	»

A Anvers, trois orphelinats sont administrés par les hospices civils. La population de ces orphelinats était, le 31 décembre 1878, de 340, soit 178 garçons et 162 filles et celle de la ville, le 31 décembre 1877, de 155,820 habitants. Le nombre total des enfants recueillis par l'administration s'élevait, au 31 décembre 1878, à 625 ; 285 étaient placés chez des nourriciers ou séjournaient dans des hôpitaux ou des établissements spéciaux.

Le nombre des enfants de l'orphelinat de garçons à Gand était, le 31 décembre 1877, de 220, dont 24 payants. Celui de l'orphelinat de filles de Bruxelles, le 31 décembre 1878, de 162, plus 8 orphelines placées à la crêche de la Providence.

Le grand orphelinat de La Haye : *Diaconie Weeshuis der Nederduitsche hervormde gemeente*, dont le coût atteignit un million environ, peut contenir un grand nombre de lits. Les enfants âgés de plus de trois et de moins de quatorze ans y sont admis; l'époque de la sortie est fixée à vingt ans.

Pendant leur séjour à l'orphelinat ils fréquentent l'école primaire, et leur instruction terminée, ils sont placés comme apprentis chez des patrons en ville. Après leur sortie ils doivent encore se présenter à l'établissement tous les six mois jusqu'à l'âge de 23 ans, époque de leur majorité et reçoivent de temps en temps, suivant leurs besoins et leur conduite, des gratifications dont le montant s'élève parfois à la somme de vingt-cinq florins.

L'uniforme n'est pas très heureux.

Il est encore de mode dans la seconde ville des Pays-Bas d'infliger aux pupilles un numéro d'ordre, un certificat d'origine placé sur l'épaule et de façon à être facilement remarqué.

Chaque fois que je rencontrais un de ces enfants le cœur me saignait, et je me demandais quand l'opinion publique d'un pays aussi éclairé que la Hollande aurait eu raison de cet usage barbare qui assimile les orphelins aux galériens, usage dont la population d'Anvers accueillit, il y a quelques années, la suppression avec une grande satisfaction.

La nourriture à l'établissement est saine ; la bière en est exclue. On y sert de la viande deux fois par semaine et du lard une fois.

Les jeunes gens de 18 à 20 ans se réunissent le soir après leur travail dans une salle spéciale où des journaux et des livres sont mis à leur disposition et où l'usage du tabac est permis à titre de faveur et de récompense pour leur zèle, leur application et leur bonne conduite. (1)

Ils travaillent pour compte de l'établissement qui leur abandonne le tiers du bénéfice réalisé. (2) Une moitié de cette somme leur est remise immédiatement, l'autre moitié est placée en leur nom jusqu'à l'époque de la majorité. Du moment que le salaire qu'ils gagnent dépasse hebdomadairement fl. 3,75, le surplus de cette somme leur reste acquis ; ils disposent comme ils le veulent de 25 % de ce surplus ; le restant, soit 75 %, va grossir leur livret à la caisse d'épargne.

Les outils ou autres objets nécessaires à leur état leur sont remis mais non pas gratuitement ; on en débite leur compte, qu'ils apurent petit à petit ou soldent en une fois si leurs ressources le leur permettent.

A leur sortie, ils reçoivent un trousseau de fl. 60 en effets.

Le service des bains laisse à désirer.

Pour le surplus, rien qui mérite une mention spéciale ou puisse être utilement emprunté. Cet orphelinat est très bien tenu ; toutefois l'introduction de légères modifications dans le service et la réglementation est désirable, voire même nécessaire, si les régents désirent en faire un orphelinat modèle.

*
* *

Transportons-nous à Amsterdam, au *Roomsch-Maagdenhuis*, dont le titre indique suffisamment le caractère et la destination. Cet énorme bâtiment est de forme carrée, avec cour intérieure, privé de tout jardin.

C'est une institution particulière, régie par quatre

(1) La même règle existe à l'orphelinat Luthérien d'Amsterdam.

(2) Le 1/4 à Nimègue ; à Anvers, le 1/5 pour les garçons, le 1/4 pour les filles.

Régents et deux Régentes et dirigée par des sœurs de charité de l'ordre de St-Vincent. Tout y respire un air de couvent, rien pour ainsi dire n'y rappelle les choses de ce monde, et la religion entre pour la plus large part dans l'instruction donnée aux jeunes filles.

Un détail à noter ; la confession est libre, en ce sens, qu'aucun confesseur n'est imposé, pas même l'aumônier (*rector*) qui pourtant demeure à l'orphelinat, et que les pénitentes peuvent s'accuser de leurs fautes au confesseur de leur choix.

L'orphelinat peut contenir trois cents élèves ; lors de notre visite il était occupé par 150 enfants.

Nous avons vainement essayé de savoir ce que l'entretien des orphelines coûtait par tête ; notre curiosité a paru sans doute importune ou indiscrète, puisque la supérieure a prétexté d'ignorance à cet égard.

Les jeunes filles ont toutes, à fort peu d'exceptions près, le teint pâle, les traits languissants, et beaucoup d'entre-elles succombent aux atteintes de ce mal qui ne pardonne jamais : la phthisie. Cependant la claustration n'est pas absolue, loin de là ; les jeunes filles se rendent en ville, et chose digne de remarque pour un établissement dirigé par des religieuses, sortent sans être accompagnées. Il convient d'ajouter que cet usage est généralement admis dans tous les orphelinats de filles en Hollande. A Nimègue, les enfants des deux sexes qui se conduisent bien obtiennent même des congés et peuvent aller passer quelques jours chez leurs parents demeurant à l'étranger. On leur donne dans ce cas un passe-port qu'ils doivent faire viser par le président de l'orphelinat de la ville ou de l'endroit où ils séjournent, ou par le chef de l'autorité communale.

Les portes de l'établissement s'ouvrent pour les jeunes

filles, dès l'âge le plus tendre, pourvu qu'elles appartiennent à la religion catholique romaine et soient de naissance légitime; l'asile leur sert de refuge jusqu'à 21 ans accomplis. A seize ans, elles vont travailler en ville comme lingères ou couturières, au profit exclusif de la fondation; on ne leur abandonne que le montant de ce qu'elles parviennent à gagner en dehors des heures du travail réglementaire.

A leur sortie elles reçoivent un trousseau complet. Un an après, on leur en remet un second sur la production d'un certificat de moralité signé par deux personnes honorables. A partir de ce moment on ne s'en occupe plus; elles doivent tâcher de vivre de leurs propres ressources.

La nourriture est bonne. Tous les jours, (hormis les jours d'abstinence), elles reçoivent une soupe, de la viande fraîche et des légumes au repas principal; le souper se compose d'une tartine avec bière et café.

Les dortoirs laissent à désirer; les lits ne sont pas des meilleurs et leur disposition est vicieuse. Ils sont placés par files, de façon que les enfants dorment la tête contre les pieds d'une compagne. La moralité y gagne dit-on, je ne comprends pas trop comment, j'en doute même; mais à coup sûr l'hygiène n'y trouve pas son compte.

Les bassins en métal peint dont les enfants se servent présentent toute garantie au point de vue de la solidité, mais à part cet avantage, l'hygiène et la propreté s'accommodent mieux de l'emploi de la terre cuite, de la faïence ou de la porcelaine. Chaque enfant a son essuie-main, mesure excellente sous tous les rapports et spécialement pour empêcher la propagation des affections ophthalmiques qui, en Hollande, règnent assez fréquemment dans les orphelinats.

Les bains sont dans.... les souterrains; on ne les utilise que dans les cas de maladie et sur la prescription formelle des médecins. La supérieure interrogée à cet égard, nous répondit que les jeunes filles, hormis le cas cité ci-dessus, ne prenaient jamais de bain.

Des améliorations nombreuses dans le régime et même dans l'organisation de l'établissement sont désirables, mais la critique serait exagérée si l'on soutenait qu'il est mal tenu. Malheureusement il en est du *Roomsch Maagdenhuis*, comme de tout orphelinat dirigé par des religieuses ; l'éducation qu'y reçoivent les jeunes filles est défectueuse, manquée, et malgré la liberté relative dont elles jouissent, grosse de dangers pour leur avenir. Et voici pourquoi.

*
* *

A quoi sert une éducation morale excellente, une instruction à peu près suffisante, un enseignement professionnel parfait, si la première condition requise pour prémunir ces enfants contre les dangers qui les assaillent au sortir de l'orphelinat fait défaut. Les tenir en tutelle jusqu'à vingt ou vingt-et-un ans, en faire des demoiselles pour ainsi dire, et les abandonner ensuite aux tentations du monde, sans leur avoir appris quelles seront ces tentations, ni enseigné le moyen de les surmonter et de rester sages et pures, n'est-ce pas les exposer à y succomber fatalement ?

Un de mes honorables collègues de l'Administration des Hospices d'Anvers exprimait la même pensée d'une façon qui pour être humoristique n'en est pas moins parfaitement vraie.

« L'organisation des orphelinats de filles est vicieuse, disait-il. Nos pupilles sont de vrais serins en cage, comme eux choyées, dorlotées, bien nourries, chantant avec méthode, sans aucun souci de l'existence, protégées contre tout danger par les barreaux de leur maisonnette reluisante de propreté, n'ayant ni conscience du danger, ni méfiance de personne. Un jour nos serins sortent de leur cage ; l'ennemi sous forme de chat les guette, les poursuit, et finit par mettre la patte sur ces pauvres petites, qui n'ont pas même songé à se soustraire à des étreintes dont elles ne soupçonnaient pas les effets mortels pour leur vertu et leur avenir.

» Mais un moineau, qui ne trouve pas tout préparé à son heure et à sa convenance, qui souffre la faim, le froid et les privations, qui lutte pour les besoins de son existence ne sera pas aussi facilement dupe des artifices du chat. En lui, il flaire l'ennemi ; et alors que piaulant sur le bord de la gouttière, il voit de loin poindre le museau de maître matou, il cesse sa chanson et prend sa volée, répétant avec le rat du bon Lafontaine :

« Ce bloc enfariné ne me dit rien qui vaille. »

Le seul moyen de faire produire quelque bien à l'éducation des jeunes filles dans les orphelinats est, comme le dit avec beaucoup de raison M. Othenin D'Haussonville : « d'abaisser autant que possible progressivement les barrières qui séparent ces jeunes filles du monde où elles sont destinées à rentrer et de les familiariser davantage avec ses aspects. Au lieu de terminer complètement leur enseignement professionnel dans l'orphelinat, il vaudrait mieux les placer en apprentissage dans des ateliers bien tenus, qu'elles quitteraient chaque soir pour venir coucher à l'orphelinat. Quelques institutions sont entrées dans ce système, qu'il y aurait avantage à généraliser [1] »

A première vue l'on serait tenté de croire que telle est la voie suivie dans le *Roomsch Maagdenhuis* d'Amster-

[1] L'enfance à Paris, page 284.

dam. Mais l'apprentissage se fait dans l'établissement même et n'embrasse que la couture, la lingerie et la broderie. Toutes les orphelines qui n'ont pas d'aptitude pour ces états sont vouées à la domesticité. Tient-on compte de cette circonstance dans l'éducation qu'on leur donne? et puisque l'on persiste à les tenir renfermées jusqu'à l'âge de vingt-et-un ans, les familiarise-t-on du moins avec la besogne que comporte le service du ménage?

Nullement; à leur sortie de l'orphelinat les élèves ne possèdent pas les notions les plus élémentaires des exigences de ce service; à peine, si elles savent faire un lit, récurer, épousseter, que sais-je, et c'est miracle s'il y en a une qui sache cuire un morceau de viande.

Qu'on me pardonne la vulgarité des détails; je crois nécessaire d'y recourir pour bien préciser ma pensée.

Une réforme radicale dans l'organisation des orphelinats de filles est indispensable. Il est temps que les administrations charitables se préoccupent sérieusement de l'avenir des orphelines et ne continuent plus à soumettre ces dernières à la rigidité inflexible d'un réglement dont la base est complètement vicieuse. La difficulté ne se présente pas seulement à Amsterdam, elle existe partout, dans les institutions laïques aussi bien que dans les institutions dirigées par des sœurs, mais plus particulièrement dans ces dernières où l'éducation professionnelle n'est considérée que comme l'accessoire de l'éducation, non pas morale mais religieuse.

En effet, les carrières ouvertes à nos pupilles ne sont ni nombreuses, ni variées; ouvrières ou servantes, institutrices ou marchandes, voilà la destinée qui les attend. Il n'y a entre elles d'aspirations communes que l'espérance de devenir, dans un avenir plus ou moins lointain, des mères de famille. Les administrations charitables doivent donc s'inquiéter avant tout de faire, des orphelines confiées à leurs soins, de bonnes ménagères, et dès lors s'abstenir de donner dans le programme de l'éducation une trop large place aux exercices religieux. Elles doivent songer ensuite à assurer à chaque enfant le moyen de subvenir à son entretien par l'exercice d'une profession, d'un métier, d'un travail, dont l'aptitude spéciale de chaque élève déterminera le choix. Le salut de ces pauvres enfants est à ce prix, sinon s'ouvrent devant elles les tristes perspectives de la misère et de la prostitution [1].

Comment formerez-vous des ouvrières habiles d'une part, des domestiques adroites de l'autre, lorsque la règle, la direction, les occupations sont uniformes pour toutes les pensionnaires d'un même établissement ? Est-il possible, par exemple, de continuer à subordonner l'époque de la sortie à l'âge de vingt ou de vingt-et-un ans aussi bien pour les élèves qui se placeront dans des ateliers de femmes que pour celles qui doivent entrer dans des maisons en qualité de servantes ? Il faut sauvegarder l'avenir des unes et des autres, et rechercher un mode d'organisation qui concilie tous les intérêts.

Mais à quel système s'arrêter ? Quelle réglementation est de nature à satisfaire tous les besoins qui se produisent ?

Il est certain que dès sa tendre enfance, l'enfant s'occupe du ménage, et quand il le peut, s'efforce de se rendre utile sous ce rapport. D'autre part, les filles ont un fond de sensibilité et d'impressionnabilité dont il faut tenir compte dans leur éducation. Elles ont enfin toutes leurs

[1] Il résulte des recherches faites par M. Ds. M. W. Scheltema Ez., de Dorcum, qu'en 1868-1869, des 1088 femmes inscrites par la police hollandaise sur les registres des prostituées, 136, soit 12 $^1/_2$ %, avaient été élevées dans des orphelinats. A Berlin, des 307 orphelines élevées par l'assistance publique, et rendues à la Société de 1864 à 1868, 219 se sont livrées à la prostitution, soit 4.9 %.

aptitudes personnelles qu'il importe de rechercher et de développer. L'éducation qu'il convient de leur donner devra prendre pour point de départ ces trois ordres de considérations et être dirigée de telle manière que, les années d'apprentissage terminées, l'on se trouve en présence d'une femme, d'une ménagère et d'une ouvrière capable dans la profession qu'elle a choisie. Il est impossible de tracer de règles fixes, les mœurs et les habitudes différentes des populations, ne le comportent pas ; ce qui est bon ici, peut être mauvais ailleurs; la ligne de conduite à suivre doit être indiquée par les circonstances et les situations particulières qui se produisent.

A Berlin, par exemple, l'Administration confie une partie de ses orphelines à la Société pour l'éducation populaire de famille ; elle pourvoit au sort de ses autres pupilles en plaçant celles-ci directement en ville ou en les employant dans le dépôt de l'orphelinat. Elle s'efforce surtout de former une pépinière de bonnes d'enfants, et dans ce but, elle les occupe comme surveillantes, servantes, filles de peine, dans les jardins d'enfants et familiarise les plus intelligentes avec la méthode Frœbel, très répandue en Allemagne.

Au dépôt on les charge de laver, baigner et habiller les enfants et en général de tout le service du ménage.

Je crois me rappeler qu'à Francfort existe un établissement ou une institution, où l'on enseigne aux enfants pauvres la science culinaire et tout ce qui se rattache au service de l'office. C'est un progrès.

En Angleterre et spécialement à Londres, le sort de toutes les filles placées dans les écoles est uniforme : toutes sont destinées à la domesticité. On les prépare à cette fin, et avec beaucoup de succès. Dès l'âge de 16 ans, on les met en service dans des familles honorables, heureuses de pouvoir obtenir en qualité de *maid*, une fille élevée dans une école dont la réputation est bien établie.

Il ne faut pas trop s'étonner de ce résultat ; en Angleterre, le nombre des *maids* est considérable, et partant les demandes doivent affluer là où on est sûr de trouver des filles capables et dont l'éducation ne laisse rien à désirer.

*
* *

Rendons-nous au *Burger-Weeshuis*, (¹) vaste bâtiment situé au centre de la ville et dont les deux entrées s'ouvrent, l'une sur la rue Ste-Lucie, l'autre sur la Kalverstraat, la grande et principale rue d'Amsterdam. Les beautés architecturales d'un ancien cloître ne nous arrêteront pas plus que les curiosités artistiques et les souvenirs historiques que contient l'établissement. Un détail en passant : Van Speyk, l'officier de marine qui fit sauter son navire en rade d'Anvers, était un orphelin du Burger-Weeshuis. Une toile retrace le souvenir de cette action, héroïque peut-être au point de vue des traditions de l'honneur, et d'un exemple salutaire pour l'armée, mais répréhensible au nom des principes philosophiques qui mettent la vie d'un homme sacrifié inutilement, (et dans l'occu-

(¹) Vienne (popul. 663,000) possède deux grands orphelinats : le *Findelhaus* et le *Waisenhaus*. La maison des enfants trouvés renferme 90 lits pour nourrices et 330 lits pour enfants. On y reçoit les enfants illégitimes, sans redevance aucune si les parents sont indigents. Les enfants trouvés sont élevés à la campagne. Le nombre des pupilles soignés par l'établissement est de 16,000 environ et les dépenses atteignent le chiffre respectable de 1,500,000 francs. La maison des orphelins s'occupe de 3500 orphelins ; 400 séjournent à l'hospice, les autres sont placés à la campagne.

L'orphelinat, réservé uniquement aux garçons depuis 1854, est dirigé par les frères de la doctrine chrétienne. Les filles sont envoyées à Judenau (près de Tulln), à l'orphelinat dirigé par des sœurs de la doctrine chrétienne. Tous les orphelinats sont soumis au contrôle de l'autorité civile.

rence que de victimes), bien au dessus du point d'honneur.

Au Burger-Weeshuis, nous avons constaté une organisation hors ligne, de beaucoup supérieure à ce que nous avions rencontré jusqu'à ce jour en Hollande. Comme la plupart des orphelinats de ce pays, le Burger-Weeshuis vit de ses propres ressources. Il est administré par six Régents, à mandat limité, rééligibles, dont la gestion est soumise au contrôle de l'Administration communale.

Cet orphelinat est construit, mieux vaudrait dire aménagé avec luxe, « trop de luxe, « pour me servir de l'expression de son intelligent directeur M. Sondorp, car après leur sortie, les enfants se trouvent la plupart du temps dans des conditions moins bonnes qu'à l'établissement. Celui-ci est ouvert aux orphelins des deux sexes et de tout âge, à la seule condition qu'ils soient nés de bourgeois *(poorters)* d'Amsterdam ; ils y séjournent aussi longtemps qu'ils n'ont pas atteint leur vingtième année.

Il peut contenir 700 enfants ; à l'époque de notre visite il n'en renfermait que 170, tous protestants [1] et placés sous la tutelle d'une commission de Régents et de Régentes dont on peut suivre la succession depuis l'époque de la fondation de l'établissement vers 1520 par Haasje, fille de Claas (Haasje-Claas-dochter) jusqu'à nos jours, dans la galerie de portraits qui décorent la salle de réunion du conseil.

N'est-il donc jamais venu à la pensée, ni de ces Régents, ni de ces Régentes, qui s'exhibent là parés de leurs plus somptueux atours, ni d'aucun des administrateurs de l'établissement, que le costume traditionnel des orphe-

[1] Les enfants catholiques sont placés dans des établissements catholiques, aux frais de l'Administration.

lins et des orphelines est du dernier ridicule et un oubli des notions les plus élémentaires de la charité évangélique.

Vainement prétendront-ils pour justifier cet uniforme voyant, formé de deux couleurs, rouge du côté gauche, noir du côté droit, qu'il date du moyen-âge, constitue à ce titre un souvenir historique, facilite le contrôle, concourt au maintien de la discipline et à l'observation de la défense faite aux orphelins d'entrer dans un cabaret et aux tenanciers de les y admettre. Ces raisons, en les admettant même comme sérieuses, sont-elles de nature à légitimer de pareils moyens de contrôle ? Et l'excentricité de l'habillement est-elle nécessaire pour sauvegarder l'exécution du réglement hors de l'orphelinat ?

Cet accoutrement bizarre a été l'objet de critiques vives et incessantes de la part du public, de la presse, des écrivains et des poëtes.

Parmi ces derniers, Tollens s'est spécialement distingué. Dans une pièce de vers intitulée : *les orphelins de la patrie à leurs compatriotes* (1), il flagelle d'importance l'obstination de l'Administration du Burger-Weeshuis et de de toutes celles qui suivent les mêmes voies, à maintenir ce singulier uniforme.

Je ne résiste pas à la tentation de mettre la traduction de ces vers sous les yeux du lecteur :

« L'âme profondément émue, nous venons vers vous — à qui nous devons le vêtement et la nourriture — et nous nous prosternons dans la poussière ! — Quelque nombreuse déjà que soit la somme de vos bienfaits, — nous embrassons de nouveau vos genoux — en vous suppliant de nous accorder encore une dernière faveur.

» Oui, après nous avoir arraché au péril le plus af-

(1) De vaderlandsche weezen aan hunne landgenoten.

freux, — sauveurs! vous nous avez donné un lit, une couchette, du pain, — des forces et un nouvel attrait pour l'existence. — Vous nous avez emporté de la tombe de nos parents, — pour nous rendre, en puisant dans votre trésor, — ce que jadis nous procurait leur pauvreté.

» Oui, la gratitude habite notre jeune cœur, — et le souvenir de l'immensité de notre dette, — toujours présent à notre pensée, ne s'évanouira qu'avec notre dernier soupir. — Dans nos ferventes prières, chaque jour, — nous supplions le Tout-Puissant de se charger pour nous d'acquitter, — une dette que personne de nous ne saurait vous payer.

» Mais, nobles protecteurs, à qui nous sommes redevables de nos habits et de notre parure, — pourquoi, en soulageant notre misère, — mettez-vous à votre générosité, un prix aussi élevé, une condition aussi pénible? — Pourquoi, faut-il qu'un accoutrement bouffon, bariolé, — nous désigne à tous les yeux, comme la surcharge de la société?

» Du satin, du duvet, nous ne le demandons pas; — la bure est amplement somptueuse pour nous, — qui tenons tout de votre main libérale! — Oh, faites nous seulement grâce d'une livrée, qui nous rend votre faveur trop dure, — et nous la reproche à tout instant!

» Ou bien, de votre vertu, de votre compassion, — de votre charité, non, protecteurs magnanimes — (loin de nous cette injure), voudriez-vous tirer gloire et vanité? — Ce vêtement nous l'endosseriez-vous comme une enseigne, — afin qu'on y lise à votre louange — et celui là aussi est comblé de nos bienfaits?

» Ou bien, protecteurs vénérés, (non, ô non!) voulez-vous — non pas notre amour — mais notre seul respect, en retour de votre libéralité? — Cette livrée doit-elle nous

dire journellement — qu'un orphelin ne peut pas chérir en vous des pères — mais est uniquement obligé de vous craindre comme des maîtres ?

» Loin de vous une souillure aussi noire, — sauveurs qui sauvez par amour ! — Au loin une flétrissure aussi vile pour votre honneur ! — Au loin ce travestissement burlesque, — qui provoque le sarcasme, proclame notre servage — et trahit votre bienfait !

» Non, protecteurs magnanimes, mieux partagés que nous sur cette terre — par la munificence de la divine et souveraine Bonté — dont *nous* pouvons chérir en vous l'image — non, quelque immense que soit l'abondance de ses dons, — elle n'entend pas publier à tous les yeux — de quels privilèges *vous* avez à lui rendre grâce.

» Jetez, disciples de la loi d'amour, — jetez un regard favorable sur nos supplications ! — Votre cœur vous y engage autant que le souci de votre dignité ! — N'étalez pas vos dons ! Ne marquez pas vos obligés du sceau de votre générosité ! — La plus haute récompense écherra à celle des vertus — dont l'éclat aura été le plus effacé ici-bas.

» Débarrassez-donc de cette parure indigne notre pauvreté et votre bienfait ! — Il n'y a pas jusqu'à Dieu lui-même qui ne soit ému de compassion en nous la voyant porter ! — Écartez de nous l'opprobre ; — épargnez-vous la souillure à vous-mêmes, — nobles protecteurs, nous ne vous demandons rien de plus ! — Voilà notre unique supplication. »

Rien n'y a fait, ni la presse, ni les écrivains, ni les vœux de l'opinion. Le costume est resté, et toutes les observations se brisent devant la ténacité de l'Administration qui se borne à répondre avec le poëte :

Sic volo, sic jubeo, sit pro ratione voluntas ! !...

Le but prétenduement poursuivi ne serait-il pas atteint aussi facilement, en substituant à cette toilette bouffonne un costume, qui, tout en rendant les orphelins reconnaissables, ne leur rappellerait pas à tout instant du jour leur dépendance et leur malheur?

L'exemple de Dordrecht où le rouge écarlate a été remplacé par du brun foncé, ne saurait-il donc trouver des imitateurs ?

Un uniforme, je le reconnais, est nécessaire, en Hollande peut-être plus que partout ailleurs. N'oublions pas qu'il est de règle dans ce pays de donner aux orphelins une liberté très-grande, (en Belgique, on l'appellerait excessive,) et de permettre aux garçons comme aux filles de sortir sans être accompagnés. Lors de notre séjour à Amsterdam, séjour qui coïncidait avec les fêtes données à l'occasion du mariage du Roi, nous avons rencontré dans les rues les élèves des orphelinats, prenant part aux réjouissances publiques, jusqu'à des heures bien avancées dans la soirée. Une pareille licence ne saurait être admise chez nous sans graves inconvénients, voire même sans conséquences très-fâcheuses. Mais chez nos voisins cette façon de faire est tellement implantée dans les mœurs que jamais l'Administration pour un motif quelconque n'a dû modifier le réglement qui autorise les sorties. La population respecte lés orphelins et les orphelines. Ce respect pour eux va si loin, nous l'avons constaté nous-mêmes, qu'à tout instant et quelque grande que soit la presse, la foule s'écarte pour leur livrer passage. Mal en prendrait à qui voudrait molester ces malheureux enfants ou se permettre avec eux la moindre familiarité. Le costume voyant serait-il leur sauvegarde? L'Administration le prétend, mais cela ne me paraît nullement démontré et, d'autant moins, que les orphelins des établissements où la bigarrure du costume est inconnue ou supprimée ne créent pas d'embarras à leurs tuteurs.

Le réglement d'ordre intérieur du Burger-Weeshuis est parfaitement conçu et semble donner les meilleurs résultats. Partant de ce principe, que la réunion des sexes, quand elle a pour correctif l'habitude de la vie commune, ne présente aucun danger, que dans la famille frères et sœurs vivent côte à côte, l'Administration recherche les occasions de mettre les orphelins en contact les uns avec les autres. Ainsi, les jeunes filles et les jeunes garçons reçoivent l'instruction primaire dans un local commun. La méthode et le programme se rapprochent beaucoup de ceux suivis dans nos écoles communales.

Il y a pourtant lieu de s'étonner que les Administrateurs n'aient pas cru convenable d'envoyer leurs pupilles aux écoles publiques. A part l'économie notable à résulter de cette mesure, ils assureraient ainsi aux élèves une instruction meilleure et feraient disparaître un reproche assez bien fondé dirigé contre le système d'éducation dans les orphelinats, à savoir : le trop grand et long isolement des enfants du monde extérieur. Je comprends que là où les opinions religieuses diffèrent des difficultés puissent surgir, mais elles ne peuvent se présenter lorsque l'institution charitable relève de la bienfaisance légale.

La grande objection tirée de l'inégalité du degré d'instruction et de l'âge des enfants admis ne constitue pas un obstacle insurmontable. Il est facile de le tourner en organisant à l'orphelinat un cours d'adultes, de telle manière que les illettrés y trouvent leur profit. L'Administration des Hospices d'Anvers partage cette manière de voir et a décidé que, lorsque ses orphelinats seront achevés, tous les élèves fréquenteront les écoles publiques. Déjà les garçons de la maison des enfants trouvés sont envoyés aux écoles de la ville. Le même système est suivi à Gand, et avec succès.

A quatorze ans, les orphelins sont mis en apprentissage ; il en est de même des filles ; de plus, à tour de rôle, celles-ci sont employées à divers travaux dans l'établissement même, et reçoivent de cette façon les notions qui leur sont indispensables pour devenir de bonnes ménagères.

Les orphelins, dès qu'ils sont mis en apprentissage, sont insensiblement habitués à l'effort personnel, c'est-à-dire, à la nécessité du travail pour les besoins de l'existence. C'est la raison pour laquelle on les oblige à alléger les charges de leur entretien et à laisser retenir de leur salaire hebdomadaire, qui leur est complètement abandonné, la première année fl. 0,30, la seconde fl. 0,60, la troisième fl. 0,90, de 17 à 18 ans fl. 1,20 et de 18 à 19 ans fl. 1,80. S'il arrive que l'ouvrage leur manque par leur faute, le tarif leur est appliqué et on en charge leur masse.

Bien qu'il leur appartienne, ils ne peuvent pourtant disposer de leur salaire sans le consentement du Directeur. Il y a plus, ils ne le touchent pas eux-mêmes ; un préposé va le recevoir chez les patrons. Tout pourboire est rigoureusement défendu, et pour en tenir lieu, on remet aux orphelins sur le montant de leur salaire hebdomadaire fl. 0,25 à fl. 0,75 pour leurs menus-plaisirs. Le reste est placé en nom à la caisse d'épargne.

Le réfectoire des filles est établi d'une façon singulière ; on y remarque des petites tables très proprement servies où six ou huit jeunes filles peuvent prendre place. Une d'entre elles préside et sert ses compagnes.

De jour à autre, et toujours cinq fois la semaine, on

donne aux élèves de l'institution de la viande; les autres jours une soupe au jus; dans l'un comme dans l'autre cas on y ajoute des légumes.

Les répulsions pour tel ou tel plat ne sont pas admises; on force les enfants à manger de tous les plats qui composent le menu.

Les lavoirs sont fort bien aménagés et d'une propreté extrême. Comme au Roomsch Maagdenhuis et dans tous les orphelinats d'Amsterdam, les enfants ont chacun leur essuie-main qui porte leur numéro d'ordre. Une grande glace qui se trouve placée au milieu de la salle leur permet de procéder au détail de la toilette à laquelle les jeunes filles mettent beaucoup de coquetterie. Les bijoux ne sont pas proscrits et l'usage du linge est toléré.

Le système des bains ne laisse rien à désirer; les enfants en prennent un par semaine, et même plusieurs, si les circonstances l'exigent.

En somme, nous ne pouvons que rendre hommage à l'excellence du régime, de l'administration, de l'ordre et de la discipline au Burger-Weeshuis.

Le visage souriant, l'air de contentement et de bonheur, la mine éveillée de ces enfants dénotent une situation exceptionnellement bonne, qu'on ne rencontre pas habituellement dans les orphelinats. La liberté sagement entendue, l'autorité paternellement exercée, la soumission intelligemment exigée suffisent à l'obtention de ce résutat vraiment remarquable.

***

Qu'il me soit permis en passant de dire quelques mots du *Nederlandsch Israëliten Jongens Institut* du Zwanenburgstraat. Cet établissement, bâti d'après le nouveau modèle, peut contenir 70 enfants. Il est parfaitement tenu et pourvoit aux besoins des orphelins israëlites âgés de 5 ans au moins et de 18 ans au plus.

Le réglement d'ordre intérieur présente de grandes analogies avec celui du Burger-weeshuis dont je viens de parler, sauf en ce qui concerne le bénéfice du travail qui est complétement abandonné aux jeunes apprentis. L'instruction est donnée dans l'établissement; elle est parfaite.

***

Avant d'en finir avec les orphelinats, il me reste à traiter deux questions encore, très vivement discutées chez nos voisins. La première est relative à l'âge de la sortie, la seconde, au patronage à exercer après la sortie de l'orphelinat.

Jusqu'à ce jour cette double question n'est pas encore définitivement résolue.

Dans la pratique les administrations sont loin de suivre une ligne de conduite uniforme; tandis que les unes jugent nécessaire de conserver l'enfant sous leur garde immédiate et dans l'orphelinat, jusqu'à l'époque de la majorité, fixée par la loi hollandaise à 23 ans, les autres au contraire l'affranchissent du séjour à l'asile dès sa dix-huitième année.

Ces dernières pensent qu'une transition lentement préparée de la vie dans l'orphelinat à la vie sociale présente les meilleures garanties pour l'avenir de leurs pupilles. Elles estiment, comme notre administration, que des jeunes gens de 18 à 21 ans, s'astreignent plus que difficilement aux exigences sévères de la discipline et deviennent, pour leurs compagnons moins âgés, d'un commerce dangereux.

D'autres administrations encore, croient la sortie à dix-huit ans prématurée et celle à vingt-trois ans tardive.

A dix-huit ans, disent-elles, dans l'état actuel de la société, un ouvrier ne saurait pourvoir à ses besoins, et une jeune fille n'est pas suffisamment armée, à raison de son inexpérience et de ses penchants, contre les séductions qui l'attendent.

S'il est dangereux de les renvoyer de l'orphelinat et de les abandonner à eux-mêmes de trop bonne heure, le séjour trop prolongé dans l'établissement entraîne souvent chez les orphelins l'affaiblissement du sentiment de la responsabilité personnelle, leur enlève toute initiative et les jette dans le tourbillon du monde, privés de l'énergie et du courage voulus pour triompher des obstacles et des écueils dont leur route dans l'existence sera fatalement semée.

La divergence d'opinion est aussi profonde sur le point de savoir qui, des garçons ou des filles, doivent être affranchis le plus tôt du séjour dans l'orphelinat.

Quelques régents sont d'avis que l'âge de sortie doit être moins élevé pour les garçons que pour les filles. Les garçons, disent-ils, à la suite de leur apprentissage et de leur contact avec le dehors, parviennent plus vite à subvenir à leurs besoins et à se prémunir contre les dangers de la vie sociale que les filles. Cloîtrées à raison même de leurs occupations, celles-ci n'ont d'autre idée de la vie réelle que celle qu'elles s'en ont faite derrière les murs d'un asile dont rien ne trouble la quiétude. Aux yeux de ces régents, cette circonstance est de nature à donner des craintes sérieuses pour l'avenir et la moralité des jeunes filles, si celles-ci quittent l'orphelinat avec trop de précipitation.

Quelques régents sont d'un avis opposé ; ils soutiennent que les filles placées en service trouvent chez leurs maîtres un chez-soi convenable et une surveillance relative, qui, la plupart du temps, font défaut pour les garçons.

Le plus grand nombre des régents toutefois n'admettent pas de règle invariable et pensent que la conduite à tenir doit être dictée par les circonstances.

En fait, il résulte des statistiques que, dans la pratique, le séjour de l'hospice est généralement considéré comme n'étant plus désirable pour l'orphelin âgé de vingt ans accomplis. Étant donnée la majorité hollandaise à 23 ans, la règle adoptée par notre Administration qui fixe l'âge de sortie à 18 ans, est en concordance avec les agissements de nos voisins (¹).

Mais dès ce moment surgit une autre question très-importante, celle du patronage.

En effet, de l'organisation du patronage dépend, en grande partie, la solution de la question dont il vient d'être parlé.

Est-il exercé d'une manière sage et efficace? rien ne s'oppose à ce que l'âge de la sortie soit avancé. La surveillance est-elle insignifiante, mal réglée? le séjour à l'orphelinat doit être fatalement prolongé.

Il n'existe pas en Hollande de réglementation déterminée au sujet du patronage; les différents conseils d'administration suivent sous ce rapport leurs idées et leurs vues personnelles.

Ici, on donne aux orphelins des livrets qu'annotent ceux chez lesquels ils travaillent, sont mis en apprentissage ou en service. Ces livrets, les porteurs les représentent tous les six mois. Si les annotations sont favorables, les régents allouent des primes, des gratifications, et à

(¹) A Berlin la sortie des orphelins est fixée à 15 ans, après leur profession de foi, (*geloofsbelijdenis*), et c'est ce qui explique le nombre peu élevé des orphelins, qui n'était que de 3097, en 1876, pour une population de plus de 700,000 habitants.

l'époque fixée pour sa libération de toute tutelle, l'orphelin obtient l'octroi d'un second et dernier trousseau.

Là, on a formé des comités de patronage. Chaque membre a sous sa surveillance un nombre restreint de pupilles dont il contrôle tous les actes et suit tous les pas dans le monde.

Ce système est excellent, théoriquement parlant; c'est le meilleur de tous, mais quelles difficultés d'exécution n'entraîne-t-il pas? Tout ce que je puis dire, c'est qu'à Amsterdam, le patronage des orphelins organisé par l'institut de la ville, l'orphelinat évangélique luthérien et le *Burger-Weeshuis* est excellent et produit le plus grand bien. Il a pour base la surveillance personnelle d'un membre du comité et se complète par la remise des livrets dont je parlais à l'instant.

A Rotterdam, les pupilles du *gereformeerd-Burger-Weeshuis* restent sous tutelle jusqu'à l'époque de leur majorité. Ils ont la faculté de se présenter tous les huit jours devant le conseil et d'y exposer leurs griefs et leurs besoins. Les autres sources d'information mentionnées plus haut ne sont pas négligées. Le contrôle est donc parfait.

A Anvers, le patronage laisse à désirer; l'Administration des Hospices s'occupe de cette question importante, et je crois pouvoir assurer, qu'avant la fin de l'année, le patronage sera réorganisé dans notre ville et y fonctionnera à la grande satisfaction de ceux qui s'intéressent au sort de nos malheureux orphelins.

IV.

Jusqu'à présent, je ne me suis occupé que des enfants valides. Malheureusement les enfants trouvés, abandonnés ou orphelins ne sont pas les seuls qui tombent en charge à la charité publique. Une foule d'êtres déshérités, rongés par des affections congéniales ou constitutionnelles, frappés d'infirmités précoces et incurables, disgraciés par la nature, privés des organes essentiels à l'homme, la parole, l'ouïe et la vue, réclament, eux aussi, des soins et des consolations.

La Hollande ne l'a pas oublié ; à toutes les misères qui affligent l'humanité, elle a ouvert les trésors de son inépuisable charité ; en vue de les soulager et de les guérir, elle n'a cessé de faire appel aux lumières, à l'expérience, au dévouement de médecins distingués et de spécialistes illustres du pays et de l'étranger. Des hôpitaux d'enfants, des établissements d'instruction pour les aveugles, des instituts ophthalmiques, des asiles pour les jeunes incurables, des institutions pour les sourds-muets ont été fondés, partout pour ainsi dire et notamment dans toutes les villes importantes du royaume.

Si la Hollande n'a pas le privilège et la gloire d'être la terre natale de l'abbé de l'Épée et de Valentin Haüy, ces deux grands bienfaiteurs de l'humanité, elle peut s'enorgueillir à juste titre d'avoir immédiatement fait bénéficier la population des avantages précieux d'une double découverte appelée à remplacer, dans une certaine mesure, la vue chez les aveugles, la parole et l'ouïe chez les sourds-muets.

Paris, Londres, Vienne et Berlin sont dotés d'une foule d'hospices et de refuges, mais je ne pense pas qu'une de ces capitales puisse rivaliser, sous le rapport du nombre des institutions, avec la ville d'Amsterdam, et se vanter de posséder un ensemble plus, ou même, aussi complet d'établissements charitables que la Venise du Nord.

Je me contente de signaler le fait ; il est assez significatif pour que tout commentaire devienne superflu.

A quoi bon d'ailleurs dresser la nomenclature de toutes ces institutions. Que veut-on que j'en dise ? Qu'elles sont, à une ou deux exceptions près, sagement organisées, soigneusement tenues, intelligemment dirigées ?

Mais tout le monde en est convaincu. Restons en là donc, d'autant plus qu'aucun de ces établissements n'offre à l'étranger, ou des particularités assez marquantes pour en faire une mention spéciale, ou l'application de méthodes perfectionnées dont il y aurait moyen de faire profit.

Toutefois on ne me pardonnerait pas, si je passais sous silence un établissement célèbre parmi tous : l'Institut pour jeunes aveugles *(Instituut tot onderwijs voor Blinden)*.

J'ai eu l'occasion de le visiter en détail en 1874. Mes impressions et mes souvenirs, que je vais essayer de résumer en quelques lignes, se rapportent donc naturellement à l'époque de ma visite.

*
* *

En 1785, Valentin Haüy présentait à l'Académie des sciences de Paris, le résultat de ses études théoriques et pratiques sur un problème social de la dernière importance, relatif à la marche à suivre « pour faciliter à une portion malheureuse de l'humanité, l'acquisition des connaissances que leur refusait la privation du sens le plus nécessaire. » Le rapport de la docte assemblée déclara la méthode de Valentin Haüy « suivie et complète ».

Avec le concours de la Société philanthropique, Haüy ouvrit une école où quinze élèves se firent inscrire, et que les lois des 21 Juillet et 28 Septembre 1791 élevèrent au rang d'établissement public. Sous l'empire l'institution périclita ; Haüy n'avait pas le talent de se mettre bien en cour. De guerre lasse il s'expatria, se rendit successivement à Berlin et à St-Pétersbourg pour tâcher de vulgariser son invention.

Cependant un disciple et admirateur d'Haüy s'abouchait avec une des loges maçonniques d'Amsterdam et la pressait de fonder dans cette ville une école d'aveugles. Ses démarches ne restèrent pas infructueuses ; l'école fut organisée, en 1808, avec cinq élèves. Elle se développa avec rapidité, grâce à l'activité des loges et au concours empressé de toutes les classes de la société batave toujours heureuse de contribuer à la fondation d'une institution appelée à adoucir les misères humaines. En 1874, elle comptait cinquante-neuf pensionnaires, tous frappés de cécité complète et condamnés à se passer à jamais de la lumière du jour. Car la condition absolue pour l'admission dans cet hospice-école est l'incurabilité du mal. S'il résulte du rapport médical que tout espoir de guérison n'est pas entièrement perdu, quelle que soit d'ailleurs la gravité de l'affection et la profondeur des ravages produits par le mal, l'enfant n'est pas reçu dans l'établissement ; on l'envoie en traitement à l'institut fondé dans ce but et à ces fins, parfois à l'institut célèbre d'Utrecht, où la science humaine ne négligera aucun des moyens en son pouvoir, pour rendre à ce pauvre déshérité de la nature l'usage inappréciable de la vue.

On pourrait graver sur le fronton de l'établissement du *Heeren-gracht* le vers célèbre de Dante :

« Lasciate ogni Speranza, voi che 'ntrate ! »

car l'espérance de triompher du mal s'est à jamais évanouie pour qui franchit le seuil du *Blinden-Instituut*. Aussi l'enfant n'y trouvera-t-il que les consolations que peuvent apporter à son irréparable malheur une éducation morale soigneusement étudiée, une instruction ingénieusement appropriée à ses facultés « qui lui ouvrent », comme le disait le rapporteur de l'Académie des sciences de Paris, « l'entrée de la société des autres hommes. » Ces consolations lui sont prodiguées gratuitement, puisque le paiement de la modique somme de vingt-cinq florins est destiné à couvrir la dépense du premier trousseau.

*
* *

L'institution fonctionne sans intervention et sans contrôle du pouvoir, ne reçoit aucune subvention, ni du Gouvernement, ni de la ville. Elle subsiste à l'aide des seules ressources qu'a mises et que met à la disposition du conseil de Direction la générosité inépuisable de la bourgeoisie d'Amsterdam et de la population du royaume entier.

Le conseil de Direction est composé de six personnes. Aux termes des statuts et en souvenir des fondateurs primitifs de l'œuvre, trois des membres du Conseil doivent appartenir, au moment de l'élection, à l'une ou l'autre loge maçonnique ; il faut de plus qu'un ou deux des six titulaires soient en possession d'un diplôme de médecin.

*
* *

L'enseignement que l'on donne aux jeunes aveugles est aussi complet que le comporte la triste infirmité dont ils sont atteints. Il va de soi que la méthode d'instruction est tout à fait exceptionnelle et tend à développer les sens qui peuvent suppléer à la perte de la vue. Le toucher joue naturellement le plus grand rôle dans cet enseignement et la main, qui est pour le sourd-muet l'organe de la parole, devient pour l'aveugle l'instrument de la vision.

A l'aide de caractères, fixés sur des planchettes, d'abord en cuivre, ensuite en gutta-percha, et enfin en papier, mais saillants, (car il s'agit de discipliner le toucher et de lui donner graduellement de la souplesse et de la délicatesse,) les jeunes aveugles parviennent, au bout d'un temps relativement court, à lire couramment dans les livres spécialement imprimés à leur usage. Au moyen de cartes géographiques, également en relief, ils se familiarisent promptement avec la situation, le caractère physique des différentes régions et contrées de notre globle terrestre. Il est vraiment curieux de voir leurs petites mains errer sur les cartes appendues au mur et s'arrêter, avec une précision étonnante, sur le pays, la province, le cours d'eau ou la ville dont on les prie de chercher la position.

Avec un alphabet spécialement composé pour eux et des appareils ingénieusement construits, qui leur permettent de fixer leurs pensées sur le papier, les aveugles arrivent assez facilement à correspondre entre eux ou avec des étrangers (1) Cette science leur est d'autant plus

(1) Pour ce dernier mode de correspondance les caractères de l'écrit ne diffèrent pas de nos caractères ordinaires, mais il faut nécessairement des appareils pour diriger la main et empêcher la confusion des lettres, des mots et des lignes.

précieuse qu'elle leur fournit le moyen de continuer après leur sortie de l'institut, les relations d'amitié que, pendant leur séjour, ils y ont nouées avec leurs camarades d'infortune.

J'ai obtenu la faveur d'emporter un de ces alphabets; je crois intéressant de le transcrire. Le voici :

a b c d e f g h i j

k l m n o p q r s t

u v w x y z

Le mode de procéder est le suivant : le papier est placé dans un cadre de bois, avec entailles ; ces entailles reçoivent une grille en cuivre, percée de trous dans le sens des points de l'alphabet transcrit ci-dessus et séparée au milieu par une barre de fer ou de zinc. L'élève prend un poinçon émoussé, et fait, à travers les mailles de la grille, les points requis pour figurer la lettre, mais en procédant de droite à gauche, parce que l'écriture doit sortir en relief du moule. Lorsqu'il a écrit ainsi deux lignes, il fait glisser la grille plus bas, où de nouvelles entailles servent à la loger, et il répète la même opération jusqu'à ce qu'il soit arrivé au bas de la page.

Ce procédé, on le voit, est très-simple, très-ingénieux et d'une application facile. Il n'exige de la part de l'enfant qu'un peu d'intelligence, de mémoire et d'attention. Aussi les aveugles parviennent-ils aisément à écrire, et sans grand effort.

Les jeunes élèves parcourent successivement tout le programme de l'instruction primaire, commencent par la lecture, l'orthographe et la grammaire et finissent par des compositions de style, dont le sujet est généralement abandonné à leur choix.

Les mathématiques et la musique leur sont familières et la gymnastique est, on aurait peine à le croire, un de leurs plaisirs les plus vifs.

La faculté de calculer de tête et de mémoire est innée chez la plupart des aveugles, et ainsi par exemple, ils se font gloire de pouvoir donner au bout de quelques minutes le produit exact de multiplications très compliquées.

La musique, tout le monde le sait, est le délassement favori, presque toujours le gagne-pain des personnes frappées de cécité. Les élèves de l'institut d'Amsterdam la cultivent avec fruit et même avec succès. Mais l'organisation musicale, il ne faut pas se faire illusion à cet égard, est un don de la nature, et pour avoir l'ouïe plus délicate, les aveugles n'en deviennent pas, par ce simple fait, des génies musicaux. On ne cite pas d'ailleurs un compositeur sorti de l'institut, qui, par ses productions, se soit fait un nom dans le domaine de l'art musical.

Une chose dont les aveugles ont de la difficulté à se rendre compte, ou plutôt dont ils ne se font aucune idée, c'est la forme, la dimension des objets. Toutes les tentatives dirigées vers ce but ont donné un résultat négatif. Mais ils s'aperçoivent d'un obstacle et l'évitent, du moins lorsque les locaux leur sont connus ; chose plus remarquable encore, ils distinguent certaines couleurs, soit en plein air, soit à l'intérieur, par le simple contact, à la chaleur qui se dégage des objets peints, à l'odeur qu'ils exhalent et par mille autres moyens qui échappent à la sagacité humaine et dont eux-mêmes, ils n'ont pas conscience.

Au sortir de l'institut, la charité n'abandonne pas les jeunes aveugles. Elle leur a ouvert des asiles pour le cas où les hasards de l'existence les livreraient sans défense aux étreintes de la misère.

Telles sont les impressions que j'ai notées. Certes, de tous les établissements charitables de la Hollande, il n'en est pas un qui soit plus intéressant à visiter que l'*Instituut voor Blinden onderwijs*. Il n'est pas unique au monde, l'on en trouve dans tous les pays, mais il occupe incontestablement une place honorable parmi tous les établissements similaires de l'Europe. Et se peut-il qu'il en soit autrement, lorsque l'administration, toujours soucieuse de la bonne réputation de l'institut, ne cesse d'y apporter toutes les améliorations possibles, a l'œil ouvert sur les perfectionnements introduits ailleurs, se hâte d'expérimenter et de s'approprier toute méthode nouvelle dont les résultats accusent un progrès sur les usages et la pratique antérieurs? On reconnait bien là le caractère et l'esprit de nos voisins. En matière de bienfaisance comme en toutes autres, les Hollandais s'inspirent de la devise de Marnix de Ste-Aldegonde : « repos ailleurs. » Jamais ils ne se contentent du chemin parcouru et du résultat obtenu; constamment et toujours, ils aspirent à faire mieux et à perfectionner leurs institutions.

V.

Un groupe d'établissements, non moins remarquables que ceux dont nous venons de parler, sollicite maintenant notre attention, à savoir: les institutions créées en vue des misères si nombreuses qui sont l'apanage de l'âge mûr et de la vieillesse. Là, comme partout, nous découvrirons la main de la charité privée, l'action des communions religieuses, et à défaut de celles-ci, l'intervention de la Commune et de l'État.

Afin d'établir un ordre plus ou moins méthodique dans mes observations, je m'occuperai d'abord de l'organisation de la bienfaisance batave prêtant son assistance aux adultes et aux vieillards, et je terminerai ce travail, déjà beaucoup trop long, par quelques considérations générales sur les hôpitaux.

***

Les hospices de toute nature destinés à recevoir les diverses catégories d'adultes nécessiteux se comptent par milliers en Hollande. Pas de village, pour ainsi dire, qui ne soit pourvu d'un établissement de ce genre. La circonstance que les Églises se chargent de l'entretien de leurs pauvres respectifs contribue à multiplier, dans une large mesure, le nombre des refuges.

Comme toutes ces institutions sont autonomes, nous nous trouvons en présence d'une foule d'administrations indépendantes, agissant avec la liberté la plus entière, affranchies de tout contrôle. En Belgique au contraire, la dépendance est de règle, le contrôle de droit, la liberté limitée. Les Commissions administratives sont assimilées à des mineurs et placées sous la tutelle du pouvoir civil. L'ingérence de la Commune et de l'État imprime à l'administration de la bienfaisance publique l'unité de marche et d'action qui fait complètement défaut en Hollande. A proprement parler, aucun trait d'union légal ne relie entre elles et ne rattache à un point central commun les administrations éparses sur toutes les parties du pays. Le pouvoir plane bien sur les communautés religieuses pour les observer, mais il n'a garde de s'immiscer dans leurs affaires particulières qu'elles gèrent comme bon leur semble, et il ne se décide à intervenir que lorsqu'elles l'appellent à leur aide ou refusent d'agir.

L'Administration civile des pauvres a été créée par la loi pour faire face à tous les besoins ; elle fonctionne en dehors des cultes et assiste une foule d'indigents. Cette institution légale est donc la seule qui, ayant ses règles fixes et déterminées, puisse servir de point de départ et de guide dans l'étude de cette branche importante de l'assistance publique.

*
* *

Je me suis étendu assez longuement sur l'*Armenhuis* d'Amsterdam pour ne devoir citer ce genre d'institutions que pour mémoire. Toutes se ressemblent et partant : *ab und disce omnes*.

Restent les pauvres secourus à domicile (*huiszittende armen*) et les pauvres placés dans les hospices. La direction de ces deux services a été confiée par la ville d'Amsterdam, au vœu de la loi à l'Administration générale des pauvres (*Burgelijk Armbestuur*) dont les bureaux sont établis dans l'*Armenhuis*.

En vertu des articles 20 et suivants du réglement organique, cette commission est chargée de secourir les nécessiteux et leur distribue des aliments, de l'argent, du combustible, des vêtements, des objets d'ameublement et des literies. A cette commission incombe pareillement la mission de délivrer aux personnes qui en font la demande, des attestations d'indigence destinées à faire obtenir à celles qu'elle juge dignes de cette faveur l'entrée gratuite de l'hôpital et la remise gratuite de médicaments.

Ce service rentre bien plus dans les attributions des Bureaux de bienfaisance que des Administrations hospitalières; je pourrais donc me dispenser d'en parler. Toutefois, comme il existe entre tous les services une relation directe, immédiate et un enchaînement étroit, je crois utile et intéressant à la fois d'extraire quelques chiffres du rapport publié par la Commission des pauvres d'Amsterdam, pour l'année 1878.

Cette Commission a distribué dans le courant de la dite année : 24,733 pains de deux kilogrammes chacun, 233,400 briquettes de tourbe (*turwen*), et dépensé fl. 8496.39 en subventions ordinaires et extraordinaires, effets de couchage, vêtements, ainsi qu'en secours à des femmes en couches.

Le maximum de la taxe hebdomadaire pour une personne inscrite (*bedeelde partij*), que cette taxe serve à cette personne seulement (*alleenstaand persoon*) ou à son ménage entier (*gezin*), ne peut, au pied des prescriptions réglementaires, dépasser en argent la somme de trois florins. Le nombre de pains, (de deux kilogrammes,) est limité à trois par semaine, et celui des briquettes de tourbe, à mille dans l'année.

Les secours sont temporaires et permanents *(tijdelijk en doorloopend)*, variables suivant les saisons. Pendant l'exercice 1878, des secours temporaires ont été accordés à 713 personnes, permanents à 827 personnes, ensemble à 1540 personnes, soit à 398 pauvres (*bedeelde partijen*) isolés ou en ménage.

Il importe de faire remarquer que les secours permanents ne sont consentis qu'à des veufs ou des veuves avec enfants, des ménages de vieillards, des incurables ou des invalides. La règle est formelle et strictement observée. Il faut des raisons très graves, majeures, pour qu'un homme marié ou valide obtienne, même temporairement, un secours hebdomadaire en argent.

En exécution de l'article 23 du règlement organique, l'Administration délivre des livrets médicaux de deux classes, désignés sous les lettres A et B.

Le livret de la classe A est accordé à toute personne dont l'indigence est notoire, ainsi qu'aux pauvres secourus par les administrations ou diaconies avec lesquelles l'autorité communale s'est entendue pour l'octroi de soins médicaux.

Les livrets B sont remis aux personnes ou ménages qu'on présume posséder des ressources suffisantes pour s'affilier à des sociétés de secours en cas de maladie ou payer les soins médicaux à domicile, mais insuffisantes pour faire face aux journées d'entretien à l'hôpital, taxées à un florin et vingt-cinq cents par jour.

Le livret A donne droit à toute espèce de secours dans l'hôpital et hors de l'hôpital; le livret B ne procure que le traitement gratuit à l'hôpital. Il existe encore un livret B^{bis} qui se rapproche du livret A, mais en diffère en ce sens, qu'il accorde le bénéfice d'un secours médical temporaire, à l'hôpital ou hors de cet établissement.

En 1878, l'Administration a délivré 9538 livrets de la classe A, valables pour 35936 personnes, 2865 livrets de la classe B, valables pour 7376 personnes, et en sus, 3342 livrets B de la seconde catégorie.

L'Administration s'applaudit des résultats obtenus pendant l'année 1878. Cette année présente sur ses devancières une diminution notable quant au nombre des pauvres secourus. Cette diminution est de 178 personnes sur l'exercice 1877, de 370 sur l'exercice 1876, de 419 sur l'exercice 1875 et de 590 personnes sur l'exercice 1874.

***

La manière de procéder des communions religieuses ne diffère pas sensiblement de celle que je viens d'indiquer. Pour s'en convaincre, il suffit de jeter un coup d'œil sur le rapport de leurs opérations. En parcourant le compte-rendu publié par la Diaconie de l'Église luthérienne évangélique d'Amsterdam, nous voyons que les secours distribués consistent également en numéraire, en aliments, en tourbe, en vêtements, en livrets médicaux et aussi en coake et atteignent, pour l'année 1879, la somme totale et très considérable de cinquante mille francs.

Une excellente mesure prise par cette diaconie est l'obligation imposée à toute personne qui désire être secourue d'une manière permanente durant l'hiver, de se faire inscrire dès le mois de Septembre. Chaque demande est envoyée en instruction, examinée soigneusement et après rapport, admise ou rejetée. Cette obligation n'est pas absolue, en ce sens que l'absence d'inscription n'entraîne pas, *ipso facto*, l'exclusion du secours. Il va de soi, lorsqu'un malheur imprévu, une maladie, un accident se produisent n'importe à quelle époque, plongent une famille dans la misère, que la Diaconie n'hésite pas un instant à intervenir et à prendre les mesures que commande l'humanité. Le seul but de la prescription réglementaire est de faciliter la révision annuelle du livre des pauvres et de permettre de biffer du registre de la communauté, en connaissance de cause, toute personne qui n'aurait plus besoin de secours ou de régler celui-ci à nouveau pour celle dont la position se serait améliorée durant l'année (1).

∴

L'administration des pauvres de la ville ne s'occupe pas seulement de la distribution des secours aux indigents, mais aussi de leur placement, quand les circonstances le réclament. Entre autres établissements, elle dispose du *Weduwenhof* où elle fournit l'habitation gratuite à cent huit veuves indigentes. Ce refuge présente de grandes analogies avec nos petits hospices (*Godshuisjens*) qui rendent à notre population infirme des services inappréciables.

Les frais d'entretien des veuves du *Weduwehof* ont

(1) L'Institut I. R. de charité à Vienne (*k. k. Armen Institut*) réorganisé par Joseph II et administré par les autorités municipales alimente ses ressources au moyen de dons volontaires que l'on dépose chez les curés des paroisses, de prélèvements fiscaux sur les successions et de taxes sur les recettes brutes de toutes les fêtes publiques. Ces ressources atteignent le chiffre annuel d'environ fr. 1,350,000. La somme distribuée annuellement en argent peut être évaluée à fr. 75,000. Le curé et l'inspecteur des pauvres de chaque paroisse dressent la liste des indigents de la circonscription et fixent le montant des secours. — A côté de cet établissement communal, nous trouvons encore : *die Gesellschaft adeliger Frauen* dont le revenu annuel de plus de cent mille francs est consacré à l'entretien de femmes pauvres ou infirmes ; le *hilfsverein*, qui distribue des secours aux ouvriers sans ouvrage et différents *hospices de pauvres* qui soignent ensemble plus de 1200 personnes et dépensent annuellement plus de fr. 175,000.

été fixés par la commission à cent florins par an pour chacune d'entre elles. Le Conseil communal avait arrêté le maximum des distributions par tête, pour l'année 1879, à cinquante cents en argent, un kilo de pain de froment par semaine et trente-cinq doubles mesures de tourbe dans l'année.

Toutes les communions religieuses possèdent un ou plusieurs établissements de ce genre. Ceux de la Diaconie luthérienne portent les noms singuliers de : *Konijnen* en *Zwaardvegershofjes*, et servent de refuge à quatre vingt-dix vieilles femmes.

Je n'insiste pas plus longuement sur les refuges de vieillards. Aucune particularité ne les distingue de nos établissements ; j'estime même que nous n'avons rien à envier sous ce rapport à nos voisins. Et en effet, l'Administration des Hospices d'Anvers dispose de trente hospices de charité : quatre pour hommes, vingt pour femmes et cinq pour ménages sans enfants. Le 31 Décembre 1878, 345 personnes âgées de cinquante années au moins, en état de pourvoir encore en partie aux besoins de l'existence, admises à leur tour de rôle et dans l'ordre de leur inscription sur un registre particulier, recevaient dans ces asiles de la charité l'habitation gratuite et avaient participé à des secours en argent et à des distributions de charbon d'une importance totale, pour l'exercice 1878, de plus de vingt-six mille francs.

*
* *

Amsterdam si richement dotée d'établissements charitables de toute nature, Amsterdam qui possède un immense (*Oudenmannen- en vrouwenhuis*) situé sur un des nombreux quais et au centre de la ville, institut sur le frontispice duquel on pourrait inscrire ce quatrain que le père Cats rima pour un établissement similaire de son pays :

> Siet, hier worden onderhouwen
> Oude, koude, swacke vrouwen.
> Trotsche vrysters, fiere jeught
> Siet hoe dat gy worden meught ! (¹)

Amsterdam qui montre à l'étranger avec un orgueil légitime le magnifique hôtel *Zeemanshoop*, siège d'une société dont le but est d'adoucir le sort du marin, de sa veuve et de ses orphelins, Amsterdam où la bienfaisance revêt toutes les formes et se montre sous mille aspects variés, ne possède pas pourtant le modeste établissement qu'Anvers a la bonne fortune et le rare privilège de pouvoir mentionner : l'hospice St-Julien.

Je ne sache pas qu'il existe dans la grande, noble et charitable cité hollandaise une institution destinée à procurer l'hospitalité gratuite à des voyageurs indigents porteurs de papiers réguliers ou à recueillir des personnes momentanément sans asile et sans ressources pour s'assurer un logement.

On me répondra peut-être que l'*Armenhuis* héberge les personnes de cette catégorie. Mais l'*Armenhuis*, entre autres destinations, sert de dépôt pour les vagabonds, reçoit les indigents et les invalides incurables et rentre ainsi dans la catégorie des refuges permanents.

La seule institution de ce genre que je connaisse, et dont le but, mais le but seulement, présente beaucoup d'analogie avec l'hopital Saint-Julien, se retrouve en

(¹) Passant ! dans cet asile sont entretenues des femmes affaiblies, glacées et cassées sous le poids des années ! ! filles fringantes, jeunesse orgueilleuse de votre beauté, instruisez-vous ici du sort que l'avenir vous réserve peut-être ! !.....

Angleterre et est annexée aux *Workhouses*. J'emprunte la description de cet endroit à la brochure de M. Davésiès-de-Pontès sur les réformes sociales en Angleterre ([1]).

« Il existe, » dit ce publiciste, « une espèce de ca-
» verne qu'on ne montre guère aux étrangers et dont
» l'aspect n'est pas un des moins affligeants de la maison :
» c'est le quartier éventuel (*casual ward*). Dans toutes
» les grandes villes anglaises, la nuit, surtout en hiver,
» surprend dans la rue une foule de gens mourant de
» froid et de faim, sans un farthing pour acheter un mor-
» ceau de pain, sans une pierre où reposer leur tête. Il
» faut donc des refuges ouverts à toute heure au premier
» venu. La plupart sont des lieux où l'on ne songerait pas
» à mettre un chien de quelque prix ; beaucoup n'ont pas
» de lumière, aucun n'a de feu, et quelques uns exhatent
» une odeur intolérable même pour des hôtes dont les
» sens sont loin d'être délicats. Les pauvres créatures qui
» dorment là sur une planche, sont réveillées à six heures
» pour aller dans la cour, où l'on casse des pierres, et
» bien qu'épuisé de besoin chacun doit travailler jusqu'à
» neuf heures. Alors on leur donne un pain de cinq livres
» et on les met dehors. Ceux qu'on sait ou qu'on soup-
» çonne être déjà venus récemment ont à remplir leur
» tâche de travail comme les autres, mais toute nourriture
» leur est refusée. « Donner une pierre à qui demanderait
» du pain, dit à ce sujet un publiciste anglais, c'est ce
» que notre divin médiateur citait comme une des plus
» incroyables cruautés, et c'est ce qui se fait de notre
» temps dans ce pays. » Et le croirait-on ? cet asile n'est
» pas même ouvert à ceux qui le réclament ! Bien des

([1]) Les lecteurs de la Revue des deux-mondes ont eu la primeur de ce remarquable travail. V. livraison 1 Nov. 1859.

» infortunés en arrivant au seuil du workhouse, appren-
» nent, par un écriteau fixé à la porte, que le quartier ne
» peut plus recevoir personne (*the casual ward is full*).
» Il résulte d'un rapport présenté à la Chambre des Com-
» munes que, dans le cours de l'exercice finissant à l'As-
» somption de 1857, 66,000 admissions au logement noc-
» turne ont été accordées par quinze des principaux work-
» houses de Londres sur un nombre beaucoup plus grand
» de demandes. »

Cette description remonte à vingt ans. Je la crois exagérée même pour cette époque, car il est impossible d'admettre sans faire injure au peuple anglais, qu'elle puisse être exacte et qu'il n'ait pas été porté remède à cette situation déplorable. Quoiqu'il en soit, l'analogie que je signalais tout à l'heure ne vise que le caractère de l'institution, nullement l'organisation de l'établissement. Je voulais simplement rappeler que l'idée de procurer un logement provisoire à ceux qui sont sans abri, la nuit, avait été mise en pratique à Londres comme à Anvers.

Mais quelle différence entre le *casual ward* anglais et les chambres proprettes de l'hospice anversois. Ici point de planches mais une bonne couchette; pas de travaux mais un déjeûner réconfortant. Bien des pauvres, bien des ouvriers ne possèdent pas un aussi bon lit et ne sont pas entourés des soins que prodigue à leurs hôtes le personnel dévoué de cet établissement où, dans le courant de l'année 1878, 658 personnes ont été hébergées.

Érigé en 1303, par Jean Thuclant, chanoine de Notre Dame et Ida van der Lischt, veuve de Gilbert Amman, et richement doté par celle-ci, l'hôpital St-Julien fut mis sous la direction des aumôniers par les ordonnances du Magistrat d'Anvers de 1540 et de 1558. En 1702, une confrérie ayant pour but de venir en aide à cette œuvre au moyen de dons et de ressources, régulières, fut érigée dans la chapelle de l'hôpital, sous le vocable de Notre-Dame-de-Lorette. Elle obtint des aumôniers l'autorisation d'administrer l'hospice, sauf reddition annuelle des comptes. Les aumôniers continuèrent à fournir les objets de première nécessité pour l'entretien des voyageurs indigents. En 1704, l'Administration communale autorisa la confrérie à faire une quête annuelle ; en 1780 cette autorisation fut retirée et remplacée par un subside.

En 1792, l'invasion française s'empara de l'hospice St-Julien.

En 1798, la chapelle et l'hospice furent fermés et mis en vente.

La chapelle fut vendue, mais l'hôpital fut considéré comme propriété des hospices et conservé. En 1800, Jacques Brants, un des administrateurs de la confrérie, intéressa le préfet du Département des deux-Nèthes à l'œuvre de l'hôpital St-Julien et obtint de ce haut fonctionnaire une ordonnance, aux termes de laquelle l'hôpital était rendu à sa destination. Ce décret prescrivait, que l'institution serait administrée à l'avenir par un conseil de douze membres et un directeur et que les comptes de l'établissement seraient soumis annuellement à l'Administration des Hospices. Cette situation s'est perpétuée jusqu'aujourd'hui (1)

Le Directeur actuel, M. Van de Clerck, est chargé de l'administration intérieure de l'établissement depuis l'année 1841. Le roi vient de récompenser tout récemment le zèle et le dévouement de M. Van de Clerck en lui décernant la croix civique de première classe.

Les dépenses de l'établissement sont couvertes, en

(1) J'extrais ces détails historiques du compte moral publié par l'Administration des Hospices civils d'Anvers pour l'année 1870.

partie au moyen de revenus particuliers, en partie à l'aide de collectes et de dons volontaires.

L'Administration des hospices alloue dix-huit centimes pour distribution de pain à chaque personne qui loge à l'hospice, une certaine somme pour l'entretien des bâtiments et cinquante centimes par jour pour les pensionnaires qu'elle y envoie, en attendant qu'elle ait pourvu à leur placement.

Les élèves de l'école de Ruysselede qui viennent à Anvers s'embarquer comme mousses à bord d'un navire de la marine marchande, sont également admis à l'hôpital St-Julien.

La police à son tour délivre des billets d'admission aux citoyens sans demeure ou aux étrangers sans logement.

La gestion financière de l'hôpital St-Julien est soumise annuellement à l'examen et à l'approbation de l'administration des hospices.

Pour me mettre à l'abri de toute critique ou de toute observation, je me plais à reconnaître qu'Amsterdam offre à ceux qui errent par les rues, sans logis ou sans gîte, un endroit où ils peuvent loger, non pas gratuitement, mais pour la somme insignifiante de cinq cents. C'est un établissement charitable privé, dépendant d'une association de bienfaisance : *Inrichting voor behoeftigen*, fondé en 1843.

Cette redevance est acquittée en numéraire, ou par la remise d'une carte d'admission émise par l'association et dont se pourvoient, afin de les utiliser à l'occasion, les habitants charitables d'Amsterdam. Moyennant une même somme de cinq cents ou la remise d'une autre carte de mêmes nature et provenance, les indigents peuvent se procurer, mais seulement pendant les mois d'hiver, un déjeûner de thé ou café avec pain, ou bien un petit pain avec fromage.

VI.

Les institutions charitables qui méritent de fixer encore un instant notre attention sont celles où les conquêtes de la science mises à la disposition des classes déshéritées soulagent, dans la mesure du possible, les maux et les souffrances qui assaillent l'homme sur cette terre et substituent aux joies de la vie les amertumes et les douleurs, les misères et les tortures.

La maladie est le lot de l'humanité. Personne n'est à l'abri de ses atteintes. L'issue du mal n'est pas toujours fatale ; celui-ci pardonne parfois et cède devant des soins intelligents et dévoués.

Ces soins, le pauvre ne peut se les procurer et les recevoir à domicile. Le droit à l'existence étant primordial, ce que nul ne contestera, l'érection d'hôpitaux devient dès ce moment une nécessité sociale de premier ordre.

Les âges anciens et les générations du moyen-âge se sont fait des hôpitaux l'idée la plus étrange, n'ont pas réussi à démêler la mission de ces refuges et, faute de lumières suffisantes, ne sont pas parvenus à les organiser conformément à leur nature et à leur destination réelles.

Dans la pensée de nos ancêtres, l'hôpital, son nom l'indique d'ailleurs, était une hôtellerie où le voyageur pauvre trouvait gratuitement un abri pour la nuit, et le plus souvent, de quoi réparer ses forces.

On ne saurait le méconnaître, ces hôtelleries répondaient à un impérieux besoin de l'époque. Mais nos pères eurent tort de songer uniquement aux voyageurs, de ne pas se préoccuper d'intérêts sociaux autrement importants et notamment de l'assainissement des villes et des campagnes, de se renfermer dans une inaction pour ainsi dire complète devant les menaces incessantes des maladies les plus variées, les ravages épouvantables exercés par des épidémies périodiques et régulières. Ne récriminons pourtant pas trop vivement contre nos ancêtres au sujet de cette incurie à nos yeux impardonnable ; tenons leur compte de leurs efforts et de leur bonne volonté. Personne n'était là pour les éclairer, personne ne leur enseignait le droit chemin, personne ne les guidait dans la bonne voie. Les connaissances thérapeuthiques faisaient complètement défaut au moyen-âge, l'empirisme tenait lieu de science, et il y a cent ans encore, on s'applaudissait des progrès accomplis parce qu'on avait créé des établissements spacieux où les pauvres gens pouvaient aller se faire traiter et mourir :

« Victimes des secours plus que de la douleur » [1]

La mort était le résultat général du traitement, la guérison l'exception. Un malade sur quatre, un élu, avait l'heureuse chance d'échapper au trépas et de revoir son foyer. Il a fallu attendre pendant dix-huit siècles que le réveil, ou mieux, l'éclosion des sciences médicales vînt mettre fin à un état de choses déplorable et enlever aux hôpitaux « ce caractère de magasin pathologique », comme l'appelle si excellement M. Maxime Ducamp, « où l'on » rassemblait indistinctement tous les malades, (parfois

[1] Delille, *la Pitié*, chant II.

» cinq ou six personnes dans la même couchette) et toutes
» les maladies (¹) ».

*
* *

Quelle était l'organisation des hôpitaux en Hollande, il y a deux ou trois cents ans? Je l'ignore; vicieuse vraisemblablement comme dans tous les pays. Partout en effet, loin de servir à la guérison des malades, les hôpitaux étaient des lieux malsains, des centres de contagion, propres plutôt à propager les épidémies qu'à les combattre, les circonscrire et les dompter.

Immenses sont les progrès réalisés depuis un siècle dans l'univers entier! Plus d'entassement, plus de salles encombrées, plus de couchettes malpropres, plus de miasmes, plus d'empirisme!

Parcourez les hôpitaux aujourd'hui; l'air et la lumière y circulent de toutes parts, les lits sont soigneusement faits, proprement couverts et chaque malade à le sien; l'hygiène

« Ouvre ces longs canaux, ces frais ventilateurs,
De l'air renouvelé, puissants réparateurs.
Par elle un ordre heureux conduit ici le zèle;
La propreté soigneuse y préside avec elle.
La vie est à l'abri du souffle de la mort (²) ».

Les plus habiles praticiens prêtent aux malades leurs soins intelligents; en un mot, rien n'est négligé, tout est mis en œuvre, pour rendre la santé aux malheureux qui demandent à la charité publique le soulagement de leurs misères et la délivrance de leurs maux.

Que la Hollande ait devancé ou suivi les autres nations dans cette transformation heureuse, peu importe. Il suffit

(¹) *Paris, ses organes, ses fonctions*, t. IV, p. 135.
(²) Delille, *la Pitié*, chant II.

de constater que les hôpitaux de ce pays sont généralement à la hauteur de leur destination et des progrès accomplis. Parmi tous, le plus somptueux et le mieux aménagé est celui de Rotterdam. Il rivalise avec les meilleurs hôpitaux connus et s'impose à l'attention de tous ceux que la bienfaisance publique intéresse.

L'hôpital de La Haye n'offre rien de particulier. Le grand hôpital d'Amsterdam (*binnen Gasthuis*) dont son excellent Directeur, le docteur Thyssens nous a fait les honneurs, ne m'arrêterait pas davantage, si je n'avais sous les yeux quelques chiffres statistiques qui me permettent d'établir des comparaisons entre cet hôpital et le nôtre.

Il résulte des documents officiels que j'ai devant moi, qu'à la date du 1er Janvier 1878, la population des deux hôpitaux communaux d'Amsterdam (*binnen en buiten Gasthuis*) était de 529 personnes, à savoir : 263 hommes, 233 femmes et 33 enfants.

Dans le courant de cette même année, on a accepté dans les deux établissements 5187 malades et blessés ; 2700 hommes, 2273 femmes et 214 enfants.

Le 31 Décembre 1878, il restait en traitement 564 personnes : 281 hommes, 252 femmes et 31 enfants. Le chiffre total des décès, pour le dit exercice, s'élève à 602, soit 317 hommes, 243 femmes et 42 enfants.

Le nombre des journées d'entretien ayant été de 192,059, on arrive à la moyenne de 40 journées par malade.

Les pharmacies ont délivré pour le service des hôpitaux, des ateliers de charité *(Armenhuis)*, des pompiers (*Brandweer*) et des pauvres *(Stadsarmen)*, 274,343 prescriptions.

A Anvers, on comptait le 1er Janvier 1878, 519 malades. Dans le courant de l'année les admissions se sont élevées à 6010 ; les sorties à 5338 et les décès à 714. Au 31 Décembre 1878, il restait en traitement 477 malades.

La mortalité des adultes a donc été à Anvers de 10,93 %, à Amsterdam de 10,24 % ; celle des enfants en y ajoutant les mort-nés, à Anvers de 15,59 %, à Amsterdam de 17 %, non compris le service de la maternité, au sujet duquel les renseignements me font défaut.

Le mode d'organisation du service hospitalier a tout spécialement attiré mon attention.

Ma surprise a été grande, je l'avoue, de trouver, dans les hôpitaux publics d'Amsterdam, des sœurs de la communion romaine préposées au service des malades et d'apprendre qu'une population aussi éminemment protestante que celle de lacapitale de la Hollande s'accommodait de cet état de choses. Ce fait m'a paru d'autant plus étrange, que plusieurs fois j'avais entendu des personnes invoquer à l'appui de leur thèse de sécularisation l'exemple de la Hollande où, disaient-elles, la laïcité était de règle, où, presque partout, spécialement à Utrecht, les mesures prises pour arriver à créer des pépinières d'infirmières *laïques* avaient parfaitement réussi.

Mes investigations personnelles me permettent d'affirmer à mon tour que ces allégations ne sont pas l'expression sincère et entière de la vérité, et qu'en les produisant on use tout au moins d'équivoque.

L'habit ne fait pas le moine, dit le proverbe si fréquemment rappelé, mais qu'on ne saurait citer avec plus d'à-propos qu'en la présente occasion. Renseignements pris aux meilleures sources, ces prétendues infirmières laïques (d'infirmiers il n'en est question nulle part), font partie de l'une ou l'autre congrégation de femmes protestantes, dont les membres se consacrent au service des malades, par dévouement pur et sans rémunération personnelle.

Ces sortes d'associations religieuses n'existent pas seulement en Hollande, on les retrouve en Allemagne et en Angleterre. Qui ne connait le grand établissement des diaconesses de Berlin : *Bethanien* ? Qui n'a entendu parler du personnel de l'hôpital de *Great Ormond street* à Londres?

Les femmes qui desservent ces hôpitaux appartiennent aux meilleures classes de la société ; à *Ormond street* elles se recrutent particulièrement parmi les filles de pasteurs et de médecins et se dévouent, sans rétribution aucune, au soulagement des maux de l'enfance.

A l'*Amalia-gesticht* d'Utrecht, fondé en vue de former des infirmières capables de panser les blessés sur les champs de bataille est venu s'adjoindre une section nouvelle, dont le but est de procurer l'éducation professionnelle à des gardes malades.

L'instruction est à la fois théorique et pratique : des professeurs distingués de l'Université sont chargés d'enseigner aux élèves les matières portées au programme du cours qui demande deux années d'études.

Le caractère aristocratique de l'établissement d'*Ormond street*, où les sœurs sont désignées sous le nom de *ladies* se retrouve à Utrecht.

En effet les jeunes filles qui se présentent à l'*Amalia-gesticht*, ne doivent pas seulement être âgées de vingt-et-un ans au moins et avoir suivi avec fruit les cours de l'enseignement moyen, mais posséder certaines ressources personnelles, puisque la rétribution fixée à cent florins pour le premier trimestre n'est réductible que de dix florins pour les trimestres suivants. Franchement ce ne sont pas là des institutions démocratiques accessibles à la première fille venue.

Le cours terminé, les élèves sont soumises à une épreuve ; un jury d'examen composé de trois personnes, statue sur leurs capacités et leur délivre, le cas échéant, un brevet de garde malades ([1]).

Alors la jeune diplômée reprend sa liberté à moins qu'elle ne préfère, et c'est là le meilleur si non le seul moyen pratique d'utiliser ses connaissances, s'engager comme *pleegzuster* dans l'une ou l'autre congrégation hospitalière protestante.

Au cas où elle s'y décide, les conditions faites à Utrecht sont les suivantes :

Les deux premières années de son entrée dans la congrégation, l'affiliée ne reçoit que le logement et l'entretien. Elle doit obéir aux ordres de la directrice et soigner gratuitement les malades, soit chez les particuliers, soit dans l'un ou l'autre hôpital. Ce stage ou noviciat terminé, l'admission devient définitive ; la jeune fille reste attachée à l'institution sa vie durant, sans toutefois aliéner sa liberté : il lui est loisible de se retirer de la communauté du moment qu'elle le désire. Ses services ne sont plus absolument gratuits ; les cinq premières années, elle touche une gratification annuelle de 150 florins, les cinq années suivantes de fl. 250, sans engagement d'augmentation de la part de la communauté pour les périodes suivantes. Tout ce que la garde-malade gagne ou reçoit des familles dans lesquelles on l'envoie remplir son office est remis par elle à la directrice, tout, absolument tout, même les gratifications et les souvenirs.

On le nierait vainement, l'institut d'Utrecht a tous les

([1]) Ce brevet n'est valable que pour deux années seulement et doit, ce temps écoulé, être présenté au *visa* par la bénéficiaire ; pour obtenir ce *visa*, celle-ci doit chaque fois subir un nouvel examen.

caractères d'une congrégation de sœurs protestantes du même genre que les communautés hospitalières catholiques dont les unes desservent les hôpitaux, les autres la clientèle bourgeoise.

Notons en passant que l'institution d'Utrecht ne date que du mois de février 1879.

Comme on ne connait l'arbre qu'à son fruit, il s'agira d'attendre pour juger l'institution d'Utrecht, qu'elle ait donné des fruits.

A Amsterdam, nous trouvons une association de femmes protestantes, organisée d'après le même système. Ces gardes malades (*ziekenzusters*) se rendent également en ville, à la demande des particuliers, pour y soigner les malades; elles ne peuvent prolonger leur séjour dans une même famille au-delà de six semaines et rentrent alors à l'établissement, tout comme les *sœurs-noires* à Anvers.

L'organisation des *pleegzusters* protestantes ou *ziekenzusters*, sans être complètement religieuse, puisque les membres de ces associations ne s'engagent pas irrévocablement et ne prononcent pas de vœux, du moins je n'ai aucun renseignement qui puisse me faire supposer le contraire, se rapproche singulièrement de celle des communautés catholiques, sœurs de charité, sœurs noires, sœurs grises et autres encore qui se vouent au service des malades [1].

*
* *

Passons un instant le détroit; rendons-nous à Londres dont les hôpitaux admirablement organisés jouissent d'une célébrité justement méritée, ceux-là du moins qui dé-

[1] La communauté qui offre le plus d'analogie avec les congrégations hospitalières catholiques est celle des orthodoxes à La Haye.

pendent de fondations. Et parmi ces derniers, il importe encore de distinguer les hôpitaux, qu'on appelle *endowed*, c'est-à-dire, possédant des capitaux considérables dont le revenu suffit à couvrir les dépenses, et les hôpitaux qui subsistent à l'aide de souscriptions et de contributions volontaires. Dans les premiers l'admission est libre mais subordonnée à l'agréation préalable d'un praticien attaché à l'établissement; dans les autres l'entrée n'est réservée qu'aux personnes munies d'un billet de recommandation délivré par un souscripteur; il n'est fait exception que pour les cas d'urgence ou de nécessité, parmi lesquels figurent en première ligne les cas chirurgicaux.

Les trois hôpitaux pour adultes *endowed* de Londres, sont *Saint Thomas*, *Saint Bartholomew* et *Guys' hospital*. Les autres, (il en existe une foule dans la capitale des Iles Britanniques), ne le sont qu'à moitié et couvrent, je viens de le dire, le surplus de leurs dépenses par des souscriptions annuelles et volontaires.

Ces deux catégories d'hôpitaux sont desservies par des *sisters* sorties des institutions que miss Nigthingale a fondées elle-même ou que son initiative a fait créer. Sur ces institutions sont calquées les associations de gardes-malades pseudo-laïques ou semi-religieuses que l'on rencontre en Hollande.

Les *sisters* ont sous leurs ordres des *nurses*, aides infirmières et des *scrubbers*, femmes de peine ou de charge. Les principales de ces fondations sont, à part l'institution mère, *Saint Thomas* : le *Bible Women-Association*, la *British Nursing-Association* et la *Métropotitan and national Nursing-Association*. Il en est d'autres encore mais dont le caractère religieux est bien plus accentué.

« C'est un fait curieux à noter, » dit M. Othenin

d'Haussonville dans ses remarquables études sur l'enfance à Paris (¹) « c'est un fait curieux à noter en présence de » l'état moral de l'Europe que tandis que les communau- » tés religieuses sont l'objet d'ardentes attaques dans les » pays catholiques, elles tendent au contraire à se déve- » lopper et à se fortifier dans les pays protestants. Il y a » longtemps qu'en Allemagne on emploie les diaconesses » de Kaiserswerth, dans le service hospitalier (²); en Angle- » terre, de véritables communautés religieuses ont été » fondées dans ces derniers temps. Sans parler des diaco- » nesses du diocèse de Londres, et des diaconesses de » *Mildmay House*, dont l'institution a un caractère moitié » religieux, moitié laïque, la communauté de *Saint John-* » *House*, qui compte 115 sœurs, soigne les deux hôpitaux » de *King's College* et de *Charing Cross*. Les sœurs de » *Saint John-House* ont une règle plus stricte que celle » des diaconesses, moins stricte que celles des sœurs » d'*All Saints*, de *Saint Peter*, de *Saint Saviour*, qui » soignent également les malades, soit dans leurs propres » hôpitaux, soit dans les hôpitaux généraux de Londres. » Ces communautés se rapprochent plus ou moins des » communautés catholiques par leurs statuts, par leur » costume et même par certaines pratiques religieuses. » Toutefois il règne sur leur organisation intérieure, sur » la nature et l'étendue des engagements que les sœurs » prennent, un certain mystère dont il n'est pas aisé de » soulever le voile. Ces communautés ne sont pas vues en » effet de très-bon œil par tout le monde. Si on est d'ac- » cord pour rendre hommage au bien qu'elles font, on » fait des réserves sur leur caractère ecclésiastique. »

(¹) Page 140.
(²) Il en existe une foule d'autres en Allemagne.

» On les accuse de prononcer en secret les trois vœux » catholiques : obéissance, pauvreté et chasteté. Tout » récemment une personne distinguée qui s'est beaucoup » occupée des questions relatives à l'assistance publique, » Miss Stephens, a écrit un livre tout exprès pour se » prononcer contre ces congrégations. Après avoir con- » testé qu'elles remplissent mieux leur tâche que des » associations laïques, elle s'efforce de les enfermer dans » ce dilemme : ou bien vous vous conformerez exactement » au modèle que vous offrent les communautés catholiques » et alors vous serez inconséquents (*inconsistent*) avec les » principes de votre foi religieuse, ou bien vous vous » écarterez de ce modèle et alors vous ferez moins bien.

» On voit que l'existence de ces communautés soulève » une question théologique aussi bien qu'une question » d'assistance, et que leur avenir dépend en partie du » dénouement de la crise que traverse en ce moment, » l'Église anglicane. Mais à ce double point de vue, il y a » là un fait assez intéressant pour que j'aie cru devoir le » signaler en passant ».

Assez intéressant en effet, ajouterai-je à mon tour, pour que j'aie cru devoir transcrire dans ce travail l'observation de M. le vicomte d'Haussonville.

L'admission des malades dans les grands hôpitaux de Londres n'est pas un droit pour le pauvre, ai-je dit ; et en effet cette admission est soumise à une foule de formalités ; tantôt elle est subordonnée à une lettre d'introduction d'un souscripteur, tantôt elle dépend de l'appréciation du corps médical attaché à l'établissement. Heureusement que les hôpitaux particuliers ne soient pas les seuls refuges offerts aux malades indigents de la capitale du Royaume-Uni.

Les infirmeries des Workhouses sont accessibles à toute personne qui le désire. Une seule condition est mise à l'admission : la délivrance d'un billet du visiteur des pauvres de la paroisse, *relieving officer*, contresigné par le médecin des pauvres de la circonscription. Les trente paroisses de Londres ont chacune leur infirmerie, soit distincte, soit commune à plusieurs districts. La moindre d'entre elles compte deux cent cinquante, les plus importantes de cinq à six cents lits.

Remarquons en passant que la destination de ces infirmeries est double ; elles sont à la fois des hôpitaux affectés à la guérison des malades et des hospices où l'on héberge les vieillards et les incurables. Cette confusion est vicieuse à tous égards, mais ne le fût-elle même pas, qu'encore l'organisation de ces infirmeries laisserait énormément à désirer. Comprend-on qu'on puisse se contenter de préposer au traitement de cinq cents malades un seul médecin, deux au plus ? Est-il possible d'admettre que ce médecin cumule encore la plupart du temps les fonctions de Directeur praticien avec celles d'économe ? Et pourtant telle est la règle invariable dans les infirmeries des Workhouses.

Si le service médical est insuffisant, si l'administration de l'établissement présente des côtés faibles, le personnel des gardes-malades est singulièrement restreint et la majeure partie du temps complètement incapable. Il est singulièrement restreint, dis-je, et en effet il arrive fréquemment qu'à la direction d'une salle contenant plus de cinquante lits ne se trouve préposée qu'une seule infirmière, diplômée parfois (*trained nurse*), le plus souvent sans diplôme, une simple *nurse*.

A la vérité ces infirmières peuvent appeler à leur aide des *pauper-nurses*, c'est-à-dire, des femmes admises au Workhouse moyennant engagement exprès de leur part de soigner, en cas de besoin, gratuitement les malades et les pensionnaires de l'infirmerie. Mais quel personnel que ces infirmières de rencontre ! C'est d'elles que l'on doit encore dire aujourd'hui ce que Miss Nightingale disait de toutes les infirmières de la Grande-Bretagne, il y a vingt-cinq ans : « qu'elles étaient généralement trop » vieilles, trop faibles, trop ivrognes, trop sales, trop » bêtes ou trop méchantes pour se consacrer à d'autres » occupations. »

« Quels services attendre de ces femmes », ajoute-t-elle, en exprimant son opinion sur les *pauper-nurses*, « dans un emploi qui demande avant tout la sobriété, » l'honnêteté, l'ordre, la propreté, une bonne réputation » et une bonne santé, alors que ces femmes ont été » acceptées au Workhouse précisément parce qu'il leur » manquait à l'une ou à l'autre plusieurs de ces qualités » indispensables pour faire une infirmière recommandable. »

*
* *

Bien décidée à mettre un terme à cette situation à tous égards déplorable et indigne d'une nation civilisée, Miss Nightingale a ouvert une campagne contre ces gardes-malades impossibles, a dénoncé leur incapacité et leurs vices à l'opinion publique et, joignant l'action à la parole, s'est ingéniée à former des infirmières intelligentes, instruites, bien élevées, imposant de par ces qualités mêmes la confiance et le respect universels.

La réussite a récompensé les efforts de Miss Nightingale, les hôpitaux particuliers de l'Angleterre sont tous ou presque tous pourvus d'un corps d'infirmières modèles ; mais à quel prix le succès de l'œuvre de régénération a-t-il été assuré ? L'appel au dévouement individuel, à ce sentiment inné d'amour pour le prochain est demeuré stérile, l'infatigable réformatrice s'est trouvée dans la nécessité d'invoquer le secours du sentiment religieux, de grouper en communautés les infirmières qu'elle parvenait à enrôler sous sa bannière, d'imposer à ses fidèles servantes une règle et une discipline, de constituer en un mot des congrégations hospitalières protestantes dont l'organisation se rapproche singulièrement de celle des congrégations hospitalières catholiques.

Dans sa pensée, l'œuvre de réformation devait s'étendre petit-à-petit aux infirmeries des Workhouses ; malheureusement c'est là un travail lent qui ne s'impose pas de force et que le temps seul est à même de mener à bonne fin. La situation des infirmeries des Workhouses ne s'est guère modifiée depuis vingt-cinq ans. Espérons qu'elles participeront bientôt de cette rénovation heureuse. Mais de tout ceci résulte qu'il ne faut pas songer à aller chercher en Angleterre un type nouveau : l'infirmière laïque se dévouant jour et nuit au chevet des malades dans les hôpitaux, par simple amour de l'humanité, sans espoir d'une récompense éternelle dans une vie meilleure. On ne l'y trouve pas plus qu'on ne la rencontre ailleurs. Miss Nightingale en a fait l'expérience. Entre les *sisters* et *ladies* des associations dont elle a jeté les bases et nos sœurs de charité, la différence est peu sensible ; les institutions hospitalières ou procèdent du sentiment religieux, ou s'en inspirent.

Ce n'est certes ni la *nurse* du Workhouse, ni la *pauper-nurse* que l'on voudrait installer dans nos établissements ; il ne reste donc qu'à choisir entre les communautés protestantes et les congrégations catholiques, en d'autres termes, force nous est de nous contenter de ce que nous possédons.

La seule chose que l'on puisse faire, que l'on

doive faire, c'est d'améliorer le service, de perfectionner l'éducation professionnelle des gardes-malades. Examinons donc si dans l'organisation du personnel qui dessert les hôpitaux anglais, il n'existe ni disposition, ni prescription qu'il y aurait avantage à introduire dans notre pays à raison des bons résultats qu'elles ont donnés ou parce qu'elles sont de nature à imprimer une meilleure direction aux efforts prodigués en vue de soulager les maux et les misères de l'humanité souffrante.

Il en est plus d'une que je serais heureux de voir consacrer dans nos hôpitaux. Je me borne à en mentionner une seule que voici. A Saint-Thomas, on a établi une école pour l'instruction et l'éducation des gardes-malades. C'est une espèce de noviciat scientifique ; l'hygiène, la médecine pratique, la physiologie constituent les matières principales de l'enseignement.

Il est sorti de cette école des gardes-malades très-instruites et très-expérimentées qui ont contribué à mettre de l'ordre dans les divers services des hôpitaux anglais et à former à leur tour des corporations hospitalières qui s'affilient naturellement à la maison mère ou tout au moins en adoptent la réglementation. En introduisant dans nos hôpitaux ce système préconisé par Miss Nightingale, inauguré par elle en Angleterre et expérimenté avec succès à St-Thomas et ailleurs, on ferait œuvre sage. Il suffirait d'engager les sœurs et surtout les novices à suivre des cours organisés à leur intention pour qu'aussitôt, j'en suis convaincu, celles-ci s'empressent de répondre à cette invitation et d'acquérir les connaissances scientifiques propres à donner à leur dévouement incessant une direction raisonnée qui doit en doubler la puissance.

En augmentant les connaissances théoriques et pratiques du personnel hospitalier, l'on relève son prestige aux yeux des malades, l'on assure són ascendant et son autorité sur les malheureux abandonnés à ses soins. Tout le monde s'en trouve bien ; car plus le respect des malades est grand pour les femmes qui les soignent, meilleure est la marche du service, plus efficaces sont les effets du traitement médical.

Ce cours je l'instituerai d'abord pour le personnel attaché à l'hôpital ; et puis pour le public — mais à ce cours, je me le demande, le public s'empresserait-il de se rendre? A Anvers, un cours organisé à l'instar de celui récemment institué à la Salpêtrière, à Paris, c'est-à-dire, en vue de former des infirmiers et des infirmières laïques n'a pas trouvé d'élèves. Il ne s'agit donc pas de se bercer d'illusions ; il ne faut songer qu'à perfectionner les éléments dont on dispose et ne pas caresser l'espoir que de grandes phrases et des tirades pompeuses sur le sentiment naturel de dévouement chez l'homme pour son semblable feront sortir de terre des légions d'infirmiers et d'infirmières. Je doute même beaucoup qu'on les trouve à prix d'argent, dans des conditions scientifiques et morales convenables.

Et dût-on en trouver, peut-on faire fonds sur un personnel composé de gardes-malades mercenaires ? Il y a quelques jours à peine que la ville d'Auxerre en a fait l'expérience à ses dépens. La petite vérole noire a fait irruption dans l'hôpital, les infirmières laïques, qui depuis quelque temps avaient pris possession de l'établissement, ont pris peur, la panique s'en est mêlée et le sauve qui peut a été général. Ces gens n'ont pas eu tort ! Qui pourrait blâmer leur conduite. En s'abouchant avec les autorités, ces femmes se sont-elles présentées comme des êtres prêts à tous les sacrifices et à tous les dévouements ? Elles ont accepté la place d'infirmière parce que cette place leur rapportait gros, qu'elle leur permettait de vivre à l'aise et peut-être aussi de faire vivre leur famille et dans cet ordre d'idées elles se sont engagées à dépenser la somme de soins correspondant avec le montant de leur salaire. La question de sentiment est restée complétement en dehors de leur calcul. Aussi s'exposer à la mort, affronter les dangers d'une épidémie, dans leur pensée cela n'était pas compris dans l'engagement ; à d'autres l'honneur se sont-elles dit, et elles ont déserté le poste.

Qu'y pouvons-nous ? le monde est encore trop terre-à-terre, trop égoïste et trop matériel pour comprendre les beautés philosophiques du dévouement et savourer le charme des principes du sacrifice personnel par simple amour de la charité. Embrasser volontairement une profession grosse de dangers, une carrière où la mort est fréquemment aux aguets et prompte à vous frapper, et cela lorsque vous avez charge de famille, n'y penserez-vous pas à deux fois avant de vous y résoudre ? Et arrive-il que quelqu'un s'y décide, devant les menaces du fléau, que de fois le courage ne l'abandonnera-t-il pas ? Pour faire une vraie garde-malade, il faut la passion humaine du dévouement, ou la vocation par sentiment religieux du sacrifice ; toute autre préoccupation doit être écartée.

Et nous n'en sommes pas encore là, malheureusement; nous ne trouvons pas des infirmières prêtes à affronter la mort dans le cours ordinaire de la vie. Jusqu'à ce jour le sentiment religieux est seul à produire de ces dévouements sublimes à l'état permanent. Et voilà pourquoi ceux qui veulent bannir les religieuses des hôpitaux poursuivent une utopie et une chimère, en présence de l'état actuel de la société. Vainement décrétera-t-on l'ouverture de cours, s'arrêtera-t-on à des dispositions autoritaires, ouvrira-t-on la caisse ! on n'impose pas une doctrine sociale, on ne modifie pas d'un trait de plume les mœurs et le caractère des populations. L'exemple de la France est là, l'exemple de l'Angleterre est là; on reste fidèle aux traditions antiques, on s'obstine dans des habitudes séculaires, et on refuse l'innovation à tort ou à raison, alors même que ceux qui la prêchent prétendent donner à l'humanité mieux que ce qu'elle possédait.

Malgré les améliorations incontestables réalisées sous le rapport du service hospitalier par la formation de communautés religieuses protestantes ou semi-religieuses, le peuple anglais se laisse difficilement imposer cette réforme, dont il apprécie pourtant le côté utile, pratique, et défend énergiquement les anciennes traditions. Il a tort sans doute ; il faut espérer qu'avec le temps ses préventions se dissiperont et qu'il comprendra mieux ses propres intérêts. C'est le vœu qu'expriment les économistes anglais les plus recommandables.

*
* *

Le même fait, mais en sens inverse se produit en France et nommément à Paris, où malgré des protestations véhémentes au nom du principe de la liberté de conscience, et des efforts énergiques de certaines catégories de citoyens, les hôpitaux continuent à être desservis par des communautés religieuses. ([1])

Paris possède quinze hôpitaux pourvus ensemble de 7693 lits. Huit de ces établissements sont affectés à toutes les maladies indistinctement, sept réservés à des affections spéciales et définies.

Les hôpitaux généraux de Paris sont l'Hôtel-Dieu, la Charité (1602), Notre Dame de la Pitié (1612), Necker

([1]) On parle souvent de l'organisation laïque de la Salpêtrière ; la Salpêtrière n'est pas un hôpital, mais un hospice de vieillards.

(1776), Cochin (1780), Saint Antoine (1791), Beaujon (1795), et Lariboisière (1854). Les hôpitaux spéciaux de Paris sont : Saint Louis, destiné au traitement des maladies de la peau ; les Enfants Malades et Sainte Eugénie consacrés au soulagement des maux de l'enfance ; le Midi et Lourcine réservés aux affections vénériennes ; la Maternité et les Cliniques dont les noms indiquent suffisamment l'affectation.

Ces quinze hôpitaux à l'exception de la Maternité, des Cliniques et du Midi (¹), sont tous desservis par des communautés, à savoir : Lourcine par les religieuses de la Compassion ; Cochin, par les sœurs Sainte Marie ; les Enfants Malades, par les dames Saint Thomas de Villeneuve ; Saint Antoine, la Pitié, et Beaujon, par les sœurs de Sainte Marthe ; Lariboisière, Saint Louis, la Charité et l'Hôtel-Dieu, par les sœurs de l'ordre de Saint Augustin, les Augustines.

J'ai dit tout à l'heure que le principe de la liberté absolue de conscience avait fait naître dans les pays catholiques des adversaires décidés de la présence de sœurs ou de communautés religieuses dans les hôpitaux.

Ces attaques ont donné lieu à des ripostes très-vives, voire même à des apologies et à des explosions d'une admiration enthousiaste et sans réserve.

Ce n'est ni le lieu, ni le moment de discuter cette question ; elle s'écarte complètement du cadre de mon travail et me mènerait trop loin. Une simple observation me semble de mise et suffisante.

Dans des discussions d'une nature aussi délicate, il est dangereux de raisonner de parti pris et armé de préventions. La justice réclame ses droits ; la vérité exige

(¹) Affecté aux maladies vénériennes chez les hommes

qu'on ne la foule pas aux pieds et qu'on rende à César ce qui revient à César. Des dénigrements systématiques et des panégyriques enthousiastes doivent être écartés. Si l'on aspire à se faire écouter que l'on prenne garde aux contradictions, que l'on veille à ne pas se brouiller avec la logique et cette double précaution malheureusement on la néglige trop souvent.

Ainsi des protestants Amsterdamois blâment le maintien des sœurs à l'hôpital, parce que la présence de ces sœurs catholiques constitue une menace constante pour la liberté de conscience, facilite le prosélytisme et la propagande religieuse.

Et ces mêmes protestants demandent le remplacement des sœurs, non par des infirmières laïques, dont ils ne veulent à aucun prix, mais ô logique ! par des corporations de femmes protestantes, corporations dont le caractère religieux, semi-religieux tout au moins, reste parfaitement démontré !....

*
* *

On le voit, pas plus en Hollande et en Angleterre que dans les pays catholiques, les infirmiers et les infirmières purement laïques ne jouissent d'une bien grande considération.

A quoi faut-il attribuer ce discrédit ?

Tout le monde est unanime à reconnaître que la composition de ce personnel laisse énormément à désirer et ne donne aucune garantie. Recruté dans les classes inférieures de la population, parmi les ouvriers sans ouvrage et les domestiques sans service, ce personnel se renouvelle sans cesse et jette, par ces mutations continues, le désordre et la désorganisation dans le service. Ces gens considèrent l'hôpital comme un asile provisoire, un gagne-pain momentané en attendant de meilleurs jours.

Nul dévouement ne les anime, nulle générosité ne les possède, l'espoir du salaire les guide et ils se font payer tout-service qu'ils rendent en dehors des occupations qui leur incombent de par la nature de leur charge.

Un pareil personnel doit être soumis à une surveillance étroite et constante de la part de l'Administration, non pas seulement sous l'unique rapport de la marche du service et de la régularité, mais bien plus encore pour tout ce qui concerne la sobriété, l'honnêteté et les mœurs.

Mes souvenirs personnels me mettraient à même, s'il le fallait, d'établir toutes ces affirmations. Je me contente de signaler le fait odieux d'un infirmier lequel, sous prétexte de panser *certains* malades se permettait avec ces malheureux des actes tels que l'on a été obligé d'en déférer à la connaissance de la justice.

C'était pourtant un des plus anciens infirmiers de l'établissement. Heureusement ces cas sont rares, je m'empresse de le reconnaître, mais ce qui est moins rare et même commun s'appelle : rapacité, larcin, ivrognerie.

« Le grand défaut des infirmiers, dit M. Maxime Du-
» camp, c'est l'ivrognerie ; on ne sait comment s'y pren-
» dre pour mettre le vin hors de leur atteinte. A l'Hôtel
» Dieu, à Lariboisière, les brocs qui font la navette du
» cellier aux salles, sont munis d'un cadenas dont le som-
» melier et la religieuse ont seuls la clé ; précaution
» inutile, ils savent dans les récipients les mieux clos
» introduire quelque paille, parfois une sonde qu'ils ont
» dérobée au médecin, et la ration arrive toujours réduite
» à destination. Ils boivent le vin de quinquina ; dans les
» services d'accouchement, les infirmières volent le rhum
» dont on se sert pour ranimer les enfants à demi éteints.
» Bien plus, les médecins qui font des préparations anato-

» miques sont obligés de les enfermer à double serrure, » parce que les infirmiers ont l'épouvantable courage de » boire l'alcool qui les baigne et les conserve.... Aussi les » chefs des services administratifs ou scientifiques sont » unanimes à reconnaître que sauf exceptions connues, ce » personnel est déplorable... C'est un métier peu recherché » que celui d'infirmier ; la plupart de ceux qui l'exercent » ne le font que momentanément et tâchent d'y échapper » le plus tôt possible. ([1]) »

Cette observation n'est pas seulement vraie pour la France, elle l'est pour la Belgique aussi bien que pour la Néerlande. Vainement a-t-on taché dans ce pays de créer des infirmiers ou des infirmières purement laïques, vainement s'est-on ingénié par toutes les voies imaginables de relever le prestige de la profession et à la rendre moins antipathique à la population ; on n'a jamais réussi à trouver un noyau de personnes qui consentissent à embrasser cette carrière moyennant rémunération de leurs services quelque proportionnée qu'elle fut à la somme et à la nature de leur travail ([2]). Et si l'on veut avoir une preuve

([1]) *Paris sa vie etc.*, t. IV, p. 167.

([2]) Une société destinée à procurer des infirmières aux familles bourgeoises dont l'un ou l'autre membre est atteint de maladie vient de se constituer en Hollande sous le nom de (Croix Blanche) *Witte Kruis* en opposition avec la (Croix Rouge) *Roode Kruis* créée, tout le monde le sait, en vue de soigner les blessés sur les champs de bataille. Cette société se propose d'exploiter toutes les villes du pays et a déjà établi des sections ou succursales dans quelques grands centres de population.

Elle fournit des infirmières au gré de la clientèle à raison de un ou de deux florins pendant la journée, de fl. 1.50 ou de fl. 2.50 pour la nuit, de deux ou de trois florins pour le service complet. Le client déclare s'il entend être rangé dans la première ou la deuxième classe du tarif.

Au mois de Mars dernier, la section d'Amsterdam tenait à la disposition du public quelques infirmières. Celles-ci reçoivent un salaire fixe et permanent, dont le montant n'est pas très élevé, et doivent se tenir constamment à la à l'appui de ce dire on n'a qu'à consulter le rapport de l'Administration des Hospices d'Amsterdam, où il est constaté avec fierté et avec bonheur que les mutations dans le personnel des hôpitaux ont été moins nombreuses que les années antérieures, alors qu'il résulte des chiffres de ce rapport que dans un hôpital ce personnel a été numériquement parlant, renouvelé complètement, et que dans l'autre les cadres accusent des modifications de 90 o/o.

*
* *

Je crois pouvoir borner à ces quelques observations mon étude sur les établissements affectés, chez nos voisins, au soulagement des souffrances corporelles.

La description des asiles d'aliénés en Néerlande, n'offre ni une grande utilité, ni un intérêt scientifique, ni un attrait de curiosité.

Ces établissements, généralement bien installés, ne se distinguent en rien des établissements de ce genre que l'on rencontre dans tous les pays.

disposition de l'association. Dans un pays où les communautés hospitalières sont très rares, cette entreprise mérite d'être encouragée et la pénurie de gardes-malades est considérable en Hollande.

VII.

La conclusion qui se dégage de cette étude est d'une simplicité extrême et se résume en quelques mots. Les institutions charitables d'une nation sont le produit de son caractère individuel, le reflet de ses idées politiques, la consécration de ses opinions religieuses.

En Hollande, l'instinct de la conservation personnelle provoque l'assistance mutuelle; la charité naît de la situation topographique, de l'état physique du pays. Mais de même que le nautonnier, balloté par les flots en furie qui menacent de faire sombrer son frêle esquif, lève vers les cieux des regards anxieux et suppliants, l'habitant des provinces Néerlandaises, dans sa lutte constante contre les eaux, invoque le secours de la Divinité et puise dans ce commerce journalier avec son Créateur un fonds de religiosité qui domine son caractère à travers les siècles de l'histoire.

Basée sur le sentiment national doublé du sentiment religieux, la charité batave appelle à son aide tous les efforts individuels et isolés, se développe et s'affirme sous l'empire de la liberté la plus absolue, s'insurge contre la moindre contrainte, s'indigne de tout contrôle.

Ces efforts cependant, tout en s'éparpillant, cherchent une voie commune, tendent vers le même but, coopèrent à l'unité du résultat. Leur collectivité produit un faisceau puissant, constitue un ensemble admirable, éminemment propice à conjurer les envahissements du paupérisme, à arrêter sa marche, éminemment propice aussi à cicatriser les plaies et à consoler les douleurs que la misère engendre.

Tandis que la lèpre de la mendicité s'étend sur la plupart des pays civilisés, la Hollande, elle, est affranchie de ce fléau. Les mendiants y sont rares, même dans les centres les plus populeux. Leur présence ne se justifierait d'aucune façon, puisque toute infortune réelle, toute misère digne de pitié, toute douleur avouable trouve toujours, en Hollande, soulagement et secours.

Cette surabondance de ressources, dont la charité dispose ne constitue-t-elle pas un danger ? N'est-elle pas aussi malsaine pour la population que la pénurie de ressources est grosse de périls pour l'existence d'une nation ? Un pays de désœuvrés, de fainéants, de parasites, ne l'oublions pas, est voué fatalement à la décadence et à la ruine au même titre que le pays dont la misère a fait sa proie et où la mendicité règne en souveraine.

La Hollande s'est précautionnée contre cette double menace. L'or qu'elle répand à pleines mains pour soulager les maux de ses frères nécessiteux n'est pas semé à l'étourdie, à la légère. La charité ne s'exerce qu'à bon escient, jamais à l'aventure. La multiplicité des ressources ne crée donc pas les inconvénients inhérents à la surabondance des libéralités lorsque celles-ci sont faites sans discernement et les aumônes prodiguées au premier venu. Les établissements et les refuges n'ouvrent leurs portes qu'à l'infortune et à la misère réelles.

Nous les connaissons ces établissements et ces refuges, crèches, hospices, orphelinats et hôpitaux ; nous avons le bilan exact des trésors de charité que possède la Néerlande ; nous savons de quelle manière intelligente ces richesses sont dépensées et dispensées. La charité batave, honneur à elle ! remplit à l'égard des déshérités du sort, des déshérités de la nature, le rôle de la Providence dont elle est l'image sur cette terre, et elle, plus que tout autre, est en droit de tenir à ces infortunés le langage que leur tient le grand poète de la France, Victor Hugo :

Oh ! que l'été brille ou s'éteigne,
Pauvres, ne désespérez pas !
Le Dieu qui souffrit et qui règne
A mis ses pieds où sont vos pas !.....

Lorsqu'il est temps que l'été meure
Sous l'hiver sombre et solemnel,
Même à travers le ciel qui pleure
On voit son sourire éternel !

. . . .
. . . .

Car sur les familles souffrantes,
L'hiver, l'été, la nuit, le jour,
Avec des urnes différentes
Dieu verse à grands flots son amour !

Et dans ses bontés éternelles
Il penche sur l'humanité,
Ces mères aux triples mamelles :
La nature et la charité !

Si le commerce et l'industrie rendent la Hollande riche et prospère, si ses peintres et ses graveurs, ses philosophes et ses savants, ses poètes et ses écrivains font briller son nom avec un éclat resplendissant dans le panthéon de l'art, de la science et des lettres, si l'énergie indomptable et le patriotisme héroïque de ses habitants lui créent dans l'histoire une place d'honneur, par la pratique de la charité, ce sentiment sublime qui possède toutes les classes de sa population et a donné naissance à un nombre infini d'institutions et d'établissements de bienfaisance, la Hollande a su conquérir l'estime et le respect de toutes les nations. Oui, les sacrifices incessants que s'est imposés la Néerlande pour combattre le fléau de la misère et adoucir les souffrances des classes nécessiteuses, lui sont comptés dans les fastes de l'humanité comme le plus beau de ses nombreux titres de gloire.

La base philosophique de la charité batave, charité dans laquelle se reflètent les mœurs, le caractère et les idées religieuses de la nation, Tollens, une des gloires poétiques de la Néerlande, l'a parfaitement définie et précisée, lorsqu'il s'écrie :

> ... driewerf dank algoede God
> Voor elke ervarenis,
> Dat uw bevel ons reinst genot —
> Ons zoetst genoegen uw gebod —
> Dat weldoen zalig is ! ! ....

Sous leur forme poétique, ces vers expriment une pensée bien simple et qui peut être résumée de la manière suivante : « le devoir de l'homme aussi bien que le souci » de son bonheur l'obligent de suivre les voies du Sei» gneur, de se conformer à la loi divine, de faire du bien » à son prochain. »

D'où la conséquence : aux yeux du peuple hollandais, la charité est une obligation primordiale, imposée par la loi religieuse, et sa pratique, le premier des devoirs.

Je ne saurais accepter, pour ma part, ces exagérations du principe que je viens de dégager des formes poétiques sous lesquelles il était présenté, et surtout je ne voudrais à aucun prix introduire dans nos mœurs la mysticité dont sont empreintes celles de nos voisins, mysticité qui leur donne un cachet d'originalité, mais dont le tempérament de la plupart des peuples ne s'accommoderait nullement. Abstraction faite de toute tendance philosophique, religieuse et politique, et se plaçant sur le seul terrain de la charité, il n'est personne qui ne doive convenir et reconnaître qu'on recueille, en Hollande, des exemples et des leçons dont on aurait le plus grand tort de ne pas faire profit pour améliorer, dans la plus large mesure possible, le sort des classes nécessiteuses et soulager ainsi plus efficacement les maux, les souffrances, les douleurs, les tortures et les misères des parias de la fortune.

Puissent ces quelques pages empruntées à mes notes et à mes souvenirs servir la cause de mes compatriotes malheureux, appeler l'attention de quelques personnes sur certaines pratiques en usage chez nos frères du Nord et contribuer ainsi à l'introduction de réformes utiles dans l'organisation et l'administration des établissements charitables de mon pays, et plus spécialement dans celles des établissements charitables d'Anvers, ma ville natale.

FIN.

www.ingramcontent.com/pod-product-compliance
Lightning Source LLC
LaVergne TN
LVHW050415160826
845677LV00002BA/380